起業は
意志が10割

新規事業家
守屋 実
Minoru Moriya

講談社

はじめに

社会課題を解決する起業の世界へ、ようこそ。

本書は、起業や新規事業創出に対するさまざまな不安や疑問に答え、あなたが実際に新たな事業を生み出す一歩を、全力でサポートするために書いた。


「資金がないとダメなの？」

「新たなテクノロジーが必要なの？」

「アイデアをビジネスモデルにまで落とし込むにはどうしたらよいの？」

そして、

「こんなコロナ禍に起業の勝機はあるの……？」


不明や不安。踏み出す前も、踏み出した後も、あなたの次の一歩を邪魔する何かは、挙げ出したらキリがないのかもしれない。

だから、こうした起業や新規事業創出における不透明さをクリアにし、**まず何をすべきなのかという第一歩を明確にしていくこと**が、本書における僕の役割だ。

2020年、僕らは誰も予測していなかった未曾有の事態に直面した。新型コロナウイルス感染症の世界的な蔓延だ。日本人どころか全世界の人々の日常が一変し、当たり前の暮らしが失われた。

多くの人が希望と不安が入り混じった中で生活をしている。読者の中には、苦境に立たされ、「いつまで耐えればよいのか」「どうしたら元の生活に戻れるのか」と頭を抱えている方がいるかもしれない。

ビジネスの現場においては、何枚もの経営計画書や事業計画書が破り捨てられた。前年踏襲を前提とした計画は意味をなさなくなったからだ。時代の変化を感じつつも、何とか今のままでも逃げ切れる、やり過ごせると思っていた人たちも、予想だにしない進化圧にさらされ、先々の不安を強烈に自覚し始めている。

しかし、僕はまったく予測ができない社会になった今こそ、「起業」についての本を書きたいと強く思った。なぜならば、**全世界全世代が同時多発的に進化圧を受ける**ことなど、僕が生きてきた人生の中でたった一度だってなかったからだ。

既成の価値観が覆る今こそ、「新たな事業の力」が必要となる。突然生まれた新たな生活様式の中で、不便を感じていたり悩みを抱えていたりする人は多い。事業は顧客がいてこそ成立する。新たなニーズを持った顧客がこれまでの歴史の中では見られないほどにたくさん生まれた今は、歴史上見られないほどにたくさんの新たな事業が求められている時期でもあるのだ。

あなたが起業することで、コロナ禍で浮き彫りになった多くの社会課題を解決できる可能性がある。だから僕は、そんなみなさんの背中を全力で押す一冊を書き上げたいと思ったのだ。

少しだけ、僕の自己紹介をさせてほしい。コロナ禍の今こそ本書を書きたいと思った僕は、「起業のプロ」である。僕は自分の紹介をする時には、必ずこの数式を使うようにしている。

〈52＝17＋21＋14〉

一体何の数字だろうと疑問に思っていただけただろうか。

そう思っていただけたら狙い通り。嬉しい。この数式は、僕の職業人生を一行のキャッチコピーとして表現したもので、こだわったポイントは、これ以上簡単にはできない最小の文字数、かつ簡単であること。

解説すると、

「52」は、僕の年齢。2021年5月現在、52歳というわけだ。

「17」は、企業内起業の数。大企業の中で新規事業に関する何らかのプロジェクトにアサインされた回数だ。

「21」は、独立起業の数。多くの場合、設立間もないスタートアップへの参画機会を得ている。

そして、「14」は週末起業の数。「17」でも「21」でもない、仲間内での何らかの企ての数だ。

つまり、僕は自分の人生をかけて起業を繰り返してきた、ということである。ただひたすらに、だ。

「起業のプロ」というプロフィールを持っている人は、日本には、まだ少ないのではないかと思う。少なくとも、企業内起業と独立起業の両方を均等に経験し、しかもそれを「30年間、つねに立ち上げ続けてきた人」は、相当少ないのではないだろうか。なぜならば、企業の中で新規事業を担当し、その事業がうまくいったら、おそらくその人はその事業とともにその後の人生を過ごすこととなるからだ。独立して起業したら、なおのことだ。よほどの事情がない限り、その事業を経営し続けるのではないかと思う。

特に、前者の企業内起業においては、本人の意志のみならず、新しい事業に対する辞令が会社から出され続ける必要がある。社内での環境が整わなければ、企業内起業を繰り返すことはできない。僕の場合、「新規事業への辞令が20年連続で発令される」という類い稀なラッキーが続いたということである。

僕は、新卒で入社したミスミ（現ミスミグループ）の新市場開発室で企業内起業を経験し、その後に移ったエムアウトという起業専業企業で100本ノックのように事業を起こし続けた。起業専業企業とはどういうものかというと、文字通り、起業を専業でおこなう会社だ。「起業しかやらない」ので、手掛けた事業がうまくいったらその事業は売却し、新たな事業を立ち上げる。
たとえば、生花業を立ち上げて軌道に乗り、続けていたら、生花業専業になるので、花の事業は売却する。次に精肉業を起こして軌道に乗ったら精肉業専業になるので、それもまた売却する。そうやって、「創っては売る」を繰り返すことで、起業の専業である状態を保っていた会社がエムアウトだ。僕の新規事業人生で、量稽古を重ねることにより新規事業の型のようなものを身につけたのが、この会社だった。

ミスミとエムアウトで約20年間会社員を経験した後に、独立。守屋実事務所を設立し、印刷事業のラクスルと予防医療を推進するケアプロの立ち上げを皮切りに、現在、数々の起業や新規事業に参画をさせてもらっている。企業内起業に20年、独立起業に10年、合計30年ほど新規事業だけの人生を歩んでいるということである。

僕は「起業のプロ」で、逆にいうと、「起業しかできない」。だから、起業して事業が軌道に乗ったら第一線から退くことを常としている。立ち上げ期こそが僕の仕事で、それ以降は僕よりもその事業を拡大できる、経験豊富で優れた人がいる。僕が経営のポジションに居座り続けることは害悪にすらなりかねないと考えている。

愛着のある会社から離れることに寂しさを感じることもあるが、実のところ真逆の感情を抱くことのほうが多い。僕が離れるということは、多くの「負け」が山積するフィールドにおいて、その新規事業が成長し、成功したことに他ならないからだ。

ちなみに、僕は投資家としても多様なスタートアップに縁をいただいている。新しく社会に問われる事業を「起業のプロ」として支援したいと考え、社外からサポートさせていただいているのだ。

情熱を傾けた事業が社会に必要とされ、その存在がどんどん大きなものとなっていく。そんな景色を想像してほしい。どうだろう？「起業のプロ」がやめられない仕事だと、おわかりいただけただろうか。

僕が起業についての本を書こうと思ったのは、30年ほどの間に培ってきた起業の経験値をコロナ禍の今こそ、多くの方に届けたいと思ったからだ。新型コロナウイルス感染症蔓延以降のウィズ・コロナの時代においては、新たな生活やビジネス環境により、多くの不便や不足が発生した。今の時代の起業は、その**「不」の解決競争**になる。突飛な表現かもしれないが、オリジナルの「不」を発見し、「自分が絶対にこの課題（不）を解決する」という信念を持ちやすい時代になったのだ。

さらにいうと、ITの進化やヒト・モノのシェアの広がりにより、個人として活躍しやすい社会となった。つまりは、「新型コロナウイルス感染症により、誰もが起業で成功できる時代が到来した」ともいえるのだ。

僕らが直面した「コロナ」という大きな衝撃波を乗り越えるには、**信念を持って課題解決に挑む人**が欠かせない。そうした人が混沌の中で未来を拓く。僕は「起業のプロ」として、事業による課題解決の信念を掲げた人の後押しをしたいし、ともに戦いたいと考えている。

そんな背景から、僕は本書『起業は意志が10割』の企画をスタートさせた。

序章では、新型コロナウイルス感染症蔓延以前のビフォー・コロナ時代からウィズ・コロナ時代におけるビジネスの変化を書いた。現在は**「商機」あふれる時代**である。ぜひそれを認識し、「勝機」を摑んでほしい。

第1章では、起業を考えている人に絶対に知っておいてほしい9つのことを伝えている。「起業は意志が10割」「顧客から考える」「勝ち筋の確立」「仲間と場所の力学」「成功と失敗の定義」などの9つのポイントを挙げている。

第2章では、起業で大事な3教科である新道徳、新国語、新算数について書いた。章の前半は、ビフォー・コロナ、つまりこれまでのビジネスにおいて重視されてきた道徳、国語、算数について述べている。後半部分では、ウィズ・コロナの時代の起業に求められる新道徳、新国語、新算数について書いた。新型コロナウイルス感染症の蔓延によって、オンラインミーティングの一般化など5年ほど時間を先送りさせられた我々は、それに合わせて3教科をアップデートしなければならないのだ。

第3章では、「失敗から学ぶ重要性」についてお伝えしたい。

第4章は、エピソード編として、今、僕が参画している起業についてお伝えする。ウィズ・コロナ時代を切り拓く挑戦者には、最大限のエールを送るために具体例を用意した。スタートアップの事例としてサウンドファン、大企業での事例としてJR東日本スタートアップ、企業の枠を超えた取り組みとしてSPACE FOODSPHEREをご紹介する。3社の取り組み姿勢から、大きな力をもらってほしい。

終章では、経験を見える化し、型に落とし込むことで、成功に近づくという実体験を書いていく。

僕らは新型コロナウイルス感染症によって、あらゆることに大きな変革が求められた。対面からリモートになり、アナログからデジタルとなった。僕らは大きな時代の転換点に立っている。起業にとっては、困難な時代であると同時に、大いなる可能性を秘めた時代だ。失われた30年と決別するための変化……トランスフォーメーションの始まりだ。売却や買収という引き算足し算ではなく、ゼロからイチを生むことが求められる。**「業を起こす」という本質的な起業の意味を果たす、「意志の時代」の幕開け**である。

あなたの創起した事業が、多くの人の生活を一変させるかもしれない。多くの人の、そして我が国の救いになるかもしれない。そんな起業の大いなる可能性を信じ、本書を開いてほしい。

僕は、あなたがあなたにしかできない起業で社会課題を解決できることを、心から願っている。

目次

第4章

終　章

あなたの真の強みは何か

ブックデザイン　藤塚尚子（ｅ　ｔｏ　ｋｕｍｉ）
制作協力　佐藤 智（レゾンクリエイト）
著者エージェント　アップルシード・エージェンシー
https://www.appleseed.co.jp/

序　章

ウィズ・コロナで何が変わったのか？

■商機と勝機の大量発生

新型コロナウイルス感染症の蔓延で、**全世界全世代同時多発的に「不」が起きた**。「不」というのは、不便であり不足であり、不利益であり……すべてにおけるマイナスの圧力のことを意味する。こんな事態は、そうあることではない。今の時代に生まれ、「なんて運が悪いんだ！」と嘆く人もいるかもしれないが、僕はそうは思わない。

僕はむしろ、今、商機と勝機が大量発生する時代が到来したと考えている。そして、ウィズ・コロナの時代においては、誰もが商機と勝機の波に乗る可能性を持っている。

多くの人が今起きている状況について、「どうしよう」「大変だ！」と騒ぎ立てて傍観者になってしまっている。しかし、その立場で居続ければ、「勝つ」ことはできない。いや、それどころか現状維持もままならず、ある人はジリジリと、そしてある人は急激に没落への道をたどることになる。

あらゆる人が「不」を経験すると同時に、あらゆる人が解決の可能性を握るキーパーソンとなりえるのがウィズ・コロナの時代だ。誰よりも早く「不」に気づき、その解決に挑むアイデアを出し、そして実行に移す。そんな「意志あるスピード」がものをいう。

語弊を恐れずにいうならば、むしろ今は「チャンスの時代」だといえるのだ。

では、具体的に見えやすい「不」を抱えた業界には、どういったところがあるだろう。

たとえば、外食産業の窮地は続いている。一斉休業の時期よりはマシな状態になったかもしれないが、気軽に外で食事をする人は明らかに減った。飲食業界の中には、いつ晴れるかわからない暗い状況に苦しい思いをしている方々が少なくない。

しかし、そこで思考停止してはいけない。

「不」が生まれたということは、必ずそこに商機と勝機が発生する。つまり、新規事業が求められるようになるのだ。

飲食業界を襲った不況の問題において忘れてはいけないのは、新型コロナウイルス蔓延下だからといって人間の胃袋の数が減るわけではないということだ。ビフォー・コロナの時代もウィズ・コロナの時代であっても、人間の胃袋の数は同じ。みんな同じように、腹も減る。

窮地にあることは事実だが、食の市場がゼロになるわけではない。外食をしていたのが、自宅での食事に移行しただけである。そして、ここに「不」が発生した。日頃外食をしていた人が、自宅でしか食事をしなくなれば、必ずストレスが溜まったり不便が生じたりと「不」を感じるようになる。だからこそ、たくさんの「おうちごはんビジネス」が生まれたのである。これは、外食産業の新たな進化、ともいえる。

他にも挙げればキリがない。たとえば、コロナ禍となり、ミーティングの多くがオンラインとなった。そして「オンラインあるある」として、移動時間を考慮する必要がなくなったことによる休憩ナシの打ち合わせマラソン状態となった。これは一見、効率的に仕事ができるようになり不便がなくなったかのように見えるが、心身の疲労の観点から見るとそうではなかった。

これまでの生活が変われば、さまざまなしわ寄せが出てくるもの。実際に新型コロナが感染拡大してすぐのタイミングで僕の身に何が起きたかというと、急激に腰痛が悪化したのだ。対面で打ち合わせをしていた時は、複数の企業を訪問し、一日平均1万4000歩ほど歩いていた。それが、自宅で仕事をする生活になってから、一日せいぜい500歩ほどに落ち込んだ。毎日の習慣が崩れることにより、明らかに健康状態に「不」をきたしたのだった。

僕と同じようなビジネスパーソンが続出し、たくさんの「自宅トレーニングビジネス」が生まれたのである。これは、健康産業の新たな進化ともいえる。

ウィズ・コロナにおけるさまざまな「不」に、あなたはどう対峙《たいじ》するだろうか。あなたが生活する日常の中で、「不」は簡単に発見することができる。たとえば、新型コロナウイルス蔓延当初、マスクやうがい薬が店頭から消えた。医療現場におけるフェイスシールドや使い捨てのガウンの不足が日々報道されていた。また、巣ごもり需要の話は枚挙にいとまがない。

当然のことながら、現在存在する商品・サービスのほとんどがビフォー・コロナ時代の産物だ。パソコンでオンラインミーティングをしていても、相手と目が合うことはなく、資料を投影すれば毎回「今、見えていますか?」と質問する。マイク付きイヤホンは、いい音で音楽を聴くには適しているが、雑音をカットして打ち合わせするには不向きである。これはそもそも、今ほど盛んにオンラインミーティングがおこなわれていなかった時代に作られた商品だからだ。

新たな生活となり、既存の商品やサービスに対して、不便なことや無駄なことが山積状態だ。この状況を「いやだな」「不便だな」「元に戻ればいいのに」と愚痴をいっているだけでいいのだろうか。あなたがどうしても解決したいと思う「不」にパワーを注げば、自分の問題も解決でき、誰かの役にも立ち、ビジネスとしての勝機も見出すことができる。

そんな「不」の解決にトライするのがこれからの新規事業である。

ただし、「不」の解決への向き合い方で一つだけ注意してほしいことがある。それは、**「減った売り上げを穴埋めする」ために新規事業を作ろうとしてはいけない**、ということだ。新型コロナウイルス蔓延の影響で多くの業界や企業が、厳しい局面に立たされている。その辛い心情は、僕も十分に理解しているつもりだ。

しかし、自社の穴を「補填」するために、新たなことを始めようと考えると間違いが起こってしまう。「補塡」するという時の主語は、「自社」になる。でも、本来事業でしたいことはお客様にとっての「不」の解決のはず。**お客様に自社の穴を埋めてもらうのではなく、喜んでもらうことを最大の目的にしなければ事業の道がそれていく**。

新規事業はそう簡単なものではない。ビジネスを作っていく中で、何回も窮地に立たされるので、強い信念がなければ絶対に続かない。目的をズラして、自分や消費者をごまかすようなことをすれば、どこかで息切れしてしまう。そして何よりも、そもそもそんな事業では、お客様の心をグッと摑むものなどできるわけがない。

商機と勝機が乱立するこのウィズ・コロナ時代では、大量の勝者が生み出される。さらにいうと、今日の勝者と明日の勝者がどんどん入れ替わっていく。今日はAさんが勝者だったのに、明日はBさんが勝者になっているという熾烈《しれつ》な戦いになるはずだ。

これは企画や計画を机上でじっくり練ったうえでの勝負というよりは、**気づきを素早く行動に移すことによる勝負**である。しかも現代は、オンラインで呼びかけて人材を集められるなど、事業に必要なツールを簡単に手にできる時代だ。

つまり、誰もが勝機を摑む可能性を持っている、ということである。商機と勝機を目の前にしながら、動かないでいることは非常にもったいない。

あなたには、この商機と勝機の波に乗ってほしい、と切に願っている。

ポイント

「不」の解決に、商機と勝機がある。素早い行動が熾烈な競争での勝利につながる。

■「既得秩序のほころび」による新大陸の登場

これからも、不況による経営悪化や倒産など重苦しいニュースが流れる時期が続くかもしれない。しかしながらその一方で、全世界的に「不」の解決競争が巻き起こる。多様な新規事業が乱立する有望な領域も存在すると考えている。

そのひとつが、**「既得秩序のほころび」が生じた業界**だ。既得秩序とは、既得権益が強く、「不」の解消が進まない業界のことだ。コロナ禍において、この既得秩序のほころびが大きく生じているのが、**医療、教育、行政**の分野だ。なぜ、これらの業界に大きなほころびが生じたのか。それは、これまでほとんど「動いてこなかった」ゆえに、コロナの影響がより大きな「進化圧」としてのしかかったからである。

医療分野では、新型コロナウイルス感染症への対応により現場の多忙化や疲弊が報道されている。しかし、医療従事者がクタクタになるほど働いている反面、病院の利益は低下。それにはさまざまな要因があるが、大きな打撃のひとつは高齢者が通院を渋るようになったことである。

そもそも我が国には、「医療費の増加で日本の財政は破綻する」といわれるほど、高齢者の医療費が重くのしかかっていた。それが、新型コロナウイルス感染症を考慮して、病院に行かなくなってしまったのだ。もちろん、病院に行かなくて済むように健康に留意したり習慣と化していた通院を見直したりしたのであれば、よい転換のタイミングとなったと見ることもできるが、医療にかからねばならない人が、治療をおろそかにしているのならば、それは大きな問題だ。

医療はこれまで変わるタイミングを逸してきた領域だった。僕は医療業界の仕事をいくつも経験してきたが、その中で出会った医師たちは志と情熱を持って患者に向き合っている人格者が多かった。しかしながら、人の命を預かる医療の世界は、時に変革を阻む大きな力が働き、かたくなに既得秩序を守る岩のように動かない産業でもあった。

変わることができなかったその業界が、「コロナ」という外圧により、大きな転換を迎えている。

広がりそうで広がらなかった**遠隔医療**は、これまで必要性を感じたことがなかった人にまで、利用が広がりつつある。そしてさらなる改良により、大きく広がる可能性があると思っている。

たとえば、遠隔医療を必要とする人の中には、継続的な治療が必要で、かつ感染症にかかりやすい高齢者が少なくない。高齢者が対象だと考えると、現時点でのオンラインサービスの使用のハードルはどう考えても高い。そこで求められるのが、ＩＴに明るくない世代にも、受け入れてもらえるような〝翻訳〟をするサービスを設計していくプレイヤーだ。最先端技術を開発する存在だけでなく、**最先端技術を「昭和の言葉」に訳すような事業**が求められると僕は考えている。

さらにいうと、僕は、今回の新型コロナウイルス感染症蔓延という状況を機に、我が国らしいＰＨＲ（パーソナルヘルスレコード）を構築すべきではないかと思っている。ＰＨ

Rとは、個人健康情報管理のことで、これが実現すればこれまで病院や薬局ごとに別々に管理されていた個人医療データを自分が管理できるようになる。

個人情報保護やセキュリティーの壁はあるものの、実現できれば医療機関が変わる度に同じ検査をやり直したり初診の問診票を何度も書いたりすることがなくなる。さらに、科ごとに分断されてきた情報を一元化させて、ホリスティックに（身体と精神を総合的に）患者を診られるようにもなる。

さまざまなサービスのオンライン化が余儀なくされた今回の新型コロナウイルス感染症の一件は、**医療介護ヘルスケア業界にＤＸ（デジタルトランスフォーメーション）を起こす最大のチャンス**となっている。

また、教育の領域にも「既得秩序のほころび」が生じた。２０２０年度から新しい学習指導要領による小学校でのプログラミング教育などが始まっているが、**学校現場自体のＩＣＴ（情報通信技術）化**は、まだまだ進んでいない。休校期間中には、オンライン授業への進化が求められた。デバイスの不足やＷｉ‐Ｆｉの未整備など学校において問題視されてきたことに目をそらさず、向き合うタイミングが訪れたのだ。世間的には「オンライン授業」を求める流れとなったが、オンラインで教育がおこなわれる体制が学校には整っていなかった。

ただし、学校の問題だけをクリアすれば教育の課題を解決できるというわけではない。多くの家庭でオンライン授業を受け入れる環境整備が不足している。もし家庭に子どもが3人いれば、パソコンやタブレットを3台用意しなければいけない。デバイスが用意できたとしても、近くで接続すれば音声が混ざり合い授業どころではなくなってしまう。解決するには、別々の部屋を用意して授業を受けることだが、保護者も在宅勤務をしているような状況の場合、一体自宅に何部屋あれば足りるのだろう……と途方に暮れる状況になる。日本の住宅事情では、このような条件をクリアすることはほぼ不可能だろう。

また、学齢が小さい子どもほど、みんなで泣いたり騒いだりして遊ぶ中から学んでいく。オンラインの教育では、そうした体験を積むことが難しい。リアルな体験を積めないことが子どもたちにどのような影響を及ぼすか、未知数な部分は多い。だから単にオンライン教育にすればよいという、そう単純な話ではない。

そこで、さらにひと手間加えた新たな教育のカタチが求められるようになる。しかし、これまで変わることがなかった既得秩序に確実にほころびが生じていることは事実だ。そのほころびの中には、新規事業の種がある。読者のみなさんには、そこを商機と是非とらえていただきたい。

もうひとつの「既得秩序のほころび」が生じたのが行政だ。中でも、保健行政は今回の新型コロナウイルス感染症蔓延への対応で非常に苦労したところだろう。アナログではとても対応できず、IT化により効率的に迅速な対応が強く求められているはずだ。日本には、1700あまりの地方自治体がある。それぞれの組織が計画を立て、予算取りから執行までのステップはみんなバラバラ。外側から見ると、何がどこで動いているのかが非常に見えにくい。

もしこれにITで横串が通されれば、てんでバラバラに動いていた地方自治体に共通言語が生まれていくだろう。これまで連携できていなかった民間との橋渡しにもなるはずだ。いわゆる、**「to G（Government）」という領域の拡大**が期待できる。ITが導入されることで、参入の可能性をさらに広げ、行政サービスも一層効果的なものにしていくことができる。

せっかくマイナンバーが導入されているのだから、そこに必要な情報を集約すればいいと僕は思っている。納税、戸籍、医療、教育などのサービスがマイナンバーですべて管理され、それをオンライン化して、**自宅にいながらすべての公共サービスをワンスト**

ップで受けられるようにできるはずだ。あれだけ鳴り物入りでスタートしたマイナンバーが、普及さえもしてないということ自体が、異常なのである。

もちろん、どんなにITが進歩して使用のハードルが下がってもアナログな人は残り続けるので、「マイナンバー一括対応課」などの、そういった人たちのためのリアルな相談の場を役所に設ける必要性はある。誰一人取り残さないよう配慮しながらでも、IT化は実現できるはずである。

医療、教育、行政などの進歩は、一般の企業よりもずっと遅いペースが守られてきた。簡単には崩れることのない強固な秩序が作られていたのだ。今回の新型コロナウイルス感染症蔓延の影響により、それらの領域にほころびができた。

考えてみてほしい。これまで散々切磋琢磨してきた領域は、「強い」企業が跋扈《ばっこ》するレッドオーシャンである。しかし、これまでフリーズしていた領域は手つかずのブルーオーシャンだ。動かなかったのには動かなかった理由がある。これまでお伝えしてきた通り、その理由が「既得秩序」だ。しかし、今、この秩序にほころびが生まれ、商機と勝機を秘めたフィールドが広がった。

動かなかったものを動かすよりも、動き始めたものを動かすほうがはるかに楽だ。

「既得秩序のほころび」の領域に飛び込む時機がきている。

ポイント

「既得秩序のほころび」という、千載一遇のチャンス到来。医療、教育、行政などのブルーオーシャンを掘り当てろ。

「瞬間蒸発」領域の新規事業の可能性

既得秩序が強い領域に加えて、もうひとつ、大きな進化圧を受けたのは**「瞬間蒸発」が生じた業界**だ。ビジネスでの瞬間蒸発とは、一瞬にして顧客がいなくなったということを意味する。感染症対策では、「人と会わないこと」が大前提となる。今さら僕がいうまでもなく、ウィズ・コロナの時代となり他者と対面する機会はぐんと減った。大人数が集合する機会は、一層なくなった。本書を執筆している2021年の初春も、不特定多数の人が集まる場でのクラスターが報道されているから、この状況はしばらく続きそうである。

具体的に「瞬間蒸発」により事業が逼迫したのは、たとえば、**飲食、観光、イベントの業界**だ。とはいえ、これらの業界へのニーズが消えたわけではない。冒頭でもお伝えした通り、人の胃袋がある限り飲食業界のニーズは残り続ける。これは、旅行業でもイベント業でも同じことがいえる。いや、むしろ制限される不満で、これまで以上に「旅行したい」「イベントに参加したい」という思いは強まっているかもしれない。

だからこそ、その「不」を解決する新規事業が喉から手が出るほど求められることになる。

飲食業においては、デリバリーやお取り寄せが一気に普及した。ウーバーイーツのある生活は、すでに日常的なものになっている。たとえば、こんな展開もある。僕が立ち上げに参画した印刷ECのラクスルは、各飲食店のデリバリーサービス展開ニーズを察知し、デリバリーメニューチラシのテンプレートサービスをリリースした。店舗名やメニュー内容を記入さえすれば、すぐにレイアウトされ、配れるようなチラシができるサービスを間髪容れずに始めたのだ。デザインから印刷、必要であれば近隣の住宅へのポスティングをセットにし、その当時、各飲食店の「不」に徹底的に対応したのである。このサービスはもちろん、非常に好評となった。

観光業においては、これまでの隆盛を支えていたインバウンドが、一瞬でその99％が消え失せた。業界全体に、壊滅的な打撃を与えた。

では、観光業は不要となってしまったのか。

もちろん、そんなことはない。「海外旅行から国内旅行へ」「遠出から近場へ」「量から質へ」「休日やトップシーズンから平日やオフシーズンへ」「リアル旅行からオンライン旅行へ」などの切り替えが遂行されていった。「これまでの旅行」から、「これからの旅行」に変容する形で、人々の「訪ねたい」という欲求を満たし、存続を図ろうとしている。

イベント業においては、「集合リスク」への対応として、「オンラインイベント」がすでに定着してきている。ビフォー・コロナの時代では一部の人しか知らなかった、ウェブとセミナーを合わせた動画を使ったインターネット上のセミナーである「ウェビナー」などの言葉が、ウィズ・コロナの時代となり、すでに一般用語として定着したように思う。むしろ短期間で準備ができ、低コストでイベントを開催できるようになったと考えると、可能性が広がっているという見方もできる。

繰り返すが、人々は、飲食、旅行、イベントの「瞬間蒸発」してしまった領域への欲求を失ったわけではない。むしろ、抑えられている分その欲求を埋める術を希求している。これまでのサービスに代わるものが提供できれば、新規事業として大きなパワーを発揮するものとなる。**「瞬間蒸発」した領域は、起業による課題解決が待たれている業界**であるともいえるのだ。

ポイント

「瞬間蒸発」したのは、旧来のサービスの部分。消えた分だけ、新サービスが強く求められる。

■今すぐ動く

この章の最後に、「新型コロナウイルスとは何だったのか?」と投げかけたい。

数年先か数十年先に「今」を振り返った時、僕らはこの2020年を「辛かった時代」「大変だった時期」という印象よりも、**「時代が大きく前に進んだ瞬間」**と総括するかもしれない。

では、「時代が大きく前に進んだ瞬間」に生きる僕らは、どう生きればよいのだろう？

僕は、

「時代が進んだ以上に進まないと遅れる」

「思い切って進んでようやくトントン」

「留まっていたらたちまち遅れる！」

――そんなことを思っている。

当然これは、僕自身にも当てはまる。「動け」と伝えている僕が、大して動いていないようでは、本書は説得力がないものになってしまうだろう。だから僕自身、これまでにも増して、**「動く」ことに重きを置く**ようにしている。

あなたは、どうだろうか？

平時でも動かないできた人たちからは、「この逆境に、どうやって動けというのだ」と、100も200も反論の声が聞こえてきそうだ。そう思ってしまう気持ちもわからないではない。しかしながら、数年後、「後悔」するのは動いたほうだろうか？　動かなかったほうだろうか？　そう考えるとおのずと答えは見えるように思う。

だから、この本を手に取ってくれたあなたには、いつかではなく、今すぐに一歩目を踏み出してほしい。少なくとも、本書を読み進める中で、動き出すことへの躊躇はすっぱりと捨て去ってほしい。

そうできるように、僕はみなさんの背中を全力で押す一冊として、本書を書き上げた。

＼ポイント／

「動かない」という思考を捨てる。自分自身のために。

＊　＊　＊

著者からのメッセージ

「人は、考えたようにはならない。おこなったようになる」

なぜ、本書を書いたのか？

「動いた人にだけ、道は拓ける」

「〃動かない〃という思考を捨てる。自分自身のために」

そうできるように、みなさんの背中を全力で押す一冊として、書いた。だから、この本を読んで「よし、一歩踏み出してみようっ！」と動き出してくれたら、とっても嬉しい。

一方で、「勉強になった」「そっか、大事なことは9個なのか」（詳細は第1章）「道徳、国語、算数、なんとなくわかったような気がする」（詳細は第2章）という感想だったとしたら、それは非常に残念だ。

本書で、僕は起業の成功と失敗の定義をこんなふうにしている。

- 成功＝着手しきれた時、失敗でも十分にやった時
- 失敗＝着手しなかった時、実行を見送り続けた時

極端にいうと、「読み切った、勉強になった！」よりも、「読んでる途中から動かなきゃと飛び出し、読み終わってない」というほうが、本書における僕の「成功」だ。

「人は、考えたようにはならない。おこなったようになる」

これが、僕の持論だ。

本書は「実戦に突入するためのキッカケの道具」でありたいと思う。とことん利用してもらうことを願いつつ、第1章に筆を進めたい。

第1章

起業に大事な9つのポイント

起業に必要なことは、たくさんある。数えたらキリがないし、何をやるか、誰とやるか、その時の条件や環境、ありとあらゆる縁や運にも影響される。

そういった中で、それでも、あえて言い切るとしたら、大事なポイントは「9つ」だ。

起業に大事な9つのポイント

❶起業は意志が10割
❷顧客から考える
❸イシ・コト・ヒト・カネ
❹コト＝勝ち筋の確立
❺ヒト＝仲間と場所の力学
❻カネ＝もっとも大事
❼一筆書きの高速回転
❽報酬の4つのステップ
❾成功と失敗の定義

項目だけ眺めても、「?」が頭に浮かぶのではないかと思う。これから丁寧に解説していくので、この9つを読み込み、咀嚼《そしゃく》し、そして実行することであなた自身のものにしてほしいと願う。それほどまでに、重要なポイントであるということを理解しておいてほしい。これは、僕が連続起業できた理由、そのものである。

これからあなたが歩む起業の道は、必ずしも平坦なものではないかもしれない。順風満帆な時間は長く続かず、むしろ天歩艱難《てんぽかんなん》な日々かもしれない。そうした中で、焦りや不安、迷いから間違った方向に進んでしまった挑戦者を僕は何人も見てきたし、僕自身もそんな経験をしたことがある一人だ。せっかく「新たな一歩」を踏み出したにもかかわらず、ビジネスとして結実できないのは非常にもったいないし、悔しい。だから、あなたが道に迷った時に役に立つであろうポイントを、9つにまとめた。立ち戻る場所があることが、きっと成功の助けになる。

9つのポイント 1 起業は意志が10割

「起業に大事な9つのポイント」で最初に挙げたい点は、**「起業は意志が10割」**だ。

起業や新規事業は、あなたが手掛ける以上、「あなたの意志」がなければ何も動かない。逆にいえば、**意志がないのに事業を始めてはならない**。起点は常に、「挑戦したい」というあなたの「熱量」なのである。

起業でも新規事業でも、思った通りになることはほとんどない。想定通りに物事が進むことなど、まったくないといっても過言ではない。「いいね」といってくれていた顧客はあっけなく買ってくれなくなる、「手伝うよ」といってくれた友達が手伝えなくなる、必死に考えたプランがろくに理解もされずに否定される……など、あまたのつまずきがあるのだ。揺るぎない自らの意志なしには、とても乗り越えることはできない。世間の流行りごとに乗っただけで骨のない脆弱な意志や、自分事として捉えられていない借り物の意志では弱すぎるのだ。

粗削りであってもいいし、正解がわかっていなくてもいい。そんなことよりも、自らから沸き起こる想いがあれば、それが着手の号砲となる。

人は心が原動力。挑戦したいという熱量がすべてを決める。

あなたがなし得たいことはどんなことなのか？

強い意志を持って、一歩を踏み出してほしい。

ポイント

挑戦したいというあなたの熱量がすべての始まり。

9つのポイント 2 顧客から考える

「起業に大事な9つのポイント」で2つ目に挙げたいポイントは、**「顧客から考える」**だ。

あなた自身が「(事業を)やる!」と決めた時に、どのような事業をするのか、なぜやるのか、何を善とし、何を悪とするのか。この時のもっとも重要な決め手となるのが、「顧客視点」だ。つまりは、**顧客の立場に立って、顧客の問題を見る**ということである。

これは、当たり前のことで、世の中でも言い尽くされている。だから、今さら「顧客視点なしにビジネスを考える人なんていないだろう」と思うかもしれない。しかしながら、**最初の動機は顧客視点だったのに、いつの間にか自社都合にすり替わっている**ことはよくあることだ。現実的な問題やさまざまな制約条件での事業展開となるため、いつの間にか顧客視点がこぼれ落ちる。

特に、大企業の新規事業のビジネスモデルを見ると、顧客視点が皆無の事業計画となっていることが多々ある。多様な決裁者を経る中で、いつの間にか自社都合だけが残ったビジネスになってしまうのだ。

このような致命的な欠陥ビジネスを避けて通るために、あえて造った言葉がある。それは、**「マーケットアウト」**である。

通常、マーケティングで学ぶのは、「プロダクトアウト→マーケットイン」であろう。モノ不足の時代では、とにかく作ることが価値だった。だから大量に、安く、早く、良い商品を作っていった。つまり、プロダクトアウトが主流だったのだ。

その後、社会にモノが充足していくと、より顧客に近づいて物事を考える必要が出てきたことからマーケットインの考え方が重要となった。多くのマーケティング論はここで終わる。

「プロダクトアウト→マーケットイン」から
「マーケットアウト→プロダクトイン」へ

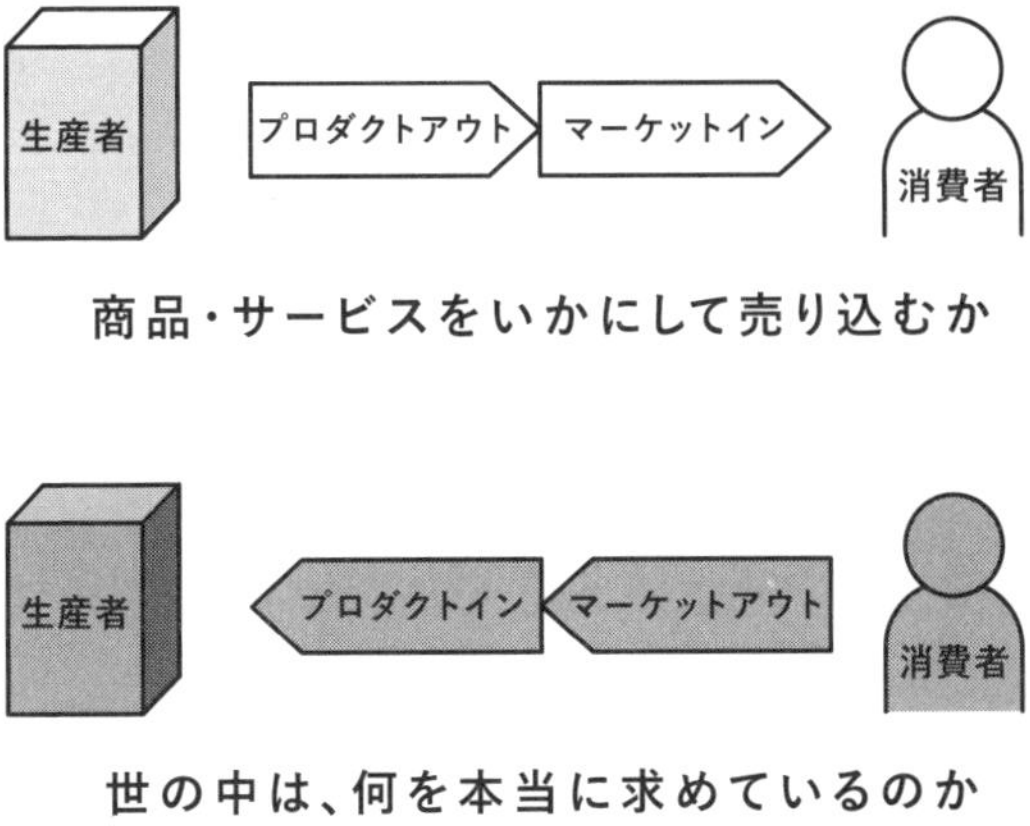

しかしながら時代はさらに進み、**「マーケットインでは足りないのではないか」**という発想から生まれたのが「マーケットアウト」の考え方である。この考え方は、僕が初めて就職したミスミで学んだ。そして、ミスミの創業オーナーと一緒に立ち上げた会社のエムアウトで型化した。

「プロダクトアウト→マーケットイン」は、図の上部で示したように事業が流れていく。プロダクトアウトもマーケットインも、どちらも思考の流れが生産者サイドから消費者サイドなのである。

一方で、**「マーケットアウト→プロダクトイン」**の考え方は流れが逆だ。消費者サイドから生産者サイドへの流れになるのである。この考え方では、まず消費者ありきで商品開発を進めていく。そして、マーケットアウトで発想した商品を、「プロダクトイン」していく。

すでに、日本社会はモノやサービスであふれている。そのため、根本的に発想を変えていかなければいけない。現在は、プロダクトアウト→マーケットインの発想で商品を作っても売れにくい。作れるモノ、提供できるサービスを熾烈な販売競争の中で模索するよりも、求められているモノ、求められているサービスを必死に調達するほうが、結果的に総コストを安く抑えることができる時代なのである。

ちなみにこれは、言葉としてのユニークさはあれど、考え方自体はつねづね世の中でいわれてきていることである。そもそも、僕は今から30年近くも前にミスミでこの概念に出会っているのだ。最近ぽっと浮かんだ考え方ではない。

が、しかし。それにもかかわらず、いまだに自社都合で作られる事業が後を絶たないし、顧客への理解が浅い、きれいごとで作られた事業も散見される。

序章の「商機と勝機の大量発生」で、「自社の穴を『補塡』するために、新たなことを始めようと考えると間違いが起こってしまう」ということをすでにお伝えしている。わざわざそれを本書の冒頭でお伝えしたのは、それだけ自社都合の事業が生み出され続けている現状があるからだ。

消費者の立場になって想像してみれば、答えは明白である。あなたのために作られた商品・サービスと、生産者が自分の売り上げを補填するために作った商品・サービスのどちらが魅力的に映るだろうか。**「顧客視点の欠落した事業に未来はない」**——この厳しい現実をよく理解しておいてほしい。

そしてもうひとつ、マーケットアウトに取り組んでいくうえで大事なのが**「顧客解像度」**だ。「消費者から生産者に向かう流れ」という形式をなぞらえただけでは、実戦を乗り越えるだけのパワーがまったく足りていないからだ。**調査や統計などからのイメージではリアリティがなく、十分な解像度になっているとは言い難い**。低い顧客解像度の典型例である。

「アンケートをして顧客理解をしました」などといわれることもあるのだが、自分にとって都合のいい情報ばかりを集めようとする確証バイアス（仮説などを検証する際に、それを支持する情報ばかりを集める傾向）がかかっているケースが散見される事態もある。これは、改めて僕がいうまでもなく、誰もが身に覚えのあることなのではないだろうか。

「顧客解像度」の話をする時に、僕がよく使う例として「シニアビジネス」がある。「社会の高齢化を踏まえて、シニアビジネスを検討したい」というのは、新規事業の定番中の定番だ。ここでは、「シニア」を一括りにしてしまっている。性別も、（シニアの中での）年齢も、キャリアも、現在の生活も加味されていない。

たとえば、「シニア」と同程度の解像度の言葉を「ヤング」とした時、「ヤングビジネス」と一括りにして事業を構想したらどうだろうか。さすがに違和感を持つのではないだろうか。性別、学生なのか社会人なのか、独身か既婚か。さらに、学生の中でも高校生と大学生では違うだろうし、大学1年生と大学4年生だって違うだろう。

「シニアビジネス」も同じように具体化して考えなければいけない。**「シニア」を一括りにしては、解像度が低すぎて、マーケットアウトしていないし、プロダクトインのしようもない**。

もちろん、ビジネスを考えた初日から、顧客解像度が完璧に高いということはありえない。常に顧客解像度を上げることを意識し、真のマーケットアウトを実現するという努力が必要なのである。実際に会いに行く、話を聞きに行く、意図を持って調査するなど、努力さえすれば顧客解像度はいくらでも上げられる。

厳しいことをいうようだが、「マーケットアウト→プロダクトイン」の考え方や顧客解像度を高めることは、事業をスタートさせるうえでの最低限の素養といえるのだ。

ポイント

「マーケットアウト→プロダクトイン」という思考のクセをつける。

9つのポイント 3 イシ・コト・ヒト・カネ

「起業に大事な9つのポイント」で3つ目に挙げたいのが、**「イシ・コト・ヒト・カネ」**である。9つのポイントのうち、もっとも意味不明な言葉だとも思うので、さっそく説明したい。

「イシ」は、すでに何度も説明している「自らの意志」である。これがなければ始まらない。挑戦したいというあなたの熱量が原動力だからだ。

では、「コト・ヒト・カネ」とは何か。

起業するには、「ヒト・モノ・カネ」が必要だとよくいわれる。確かに、その通りだ。ただ、「ヒト・モノ・カネ」は、僕にとってはシックリこない。昔はモノを持っている人が強かった。しかし、今はモノが余っている。だから**モノではなく、むしろコト（事業の構想）を持っているほうが重要**なのである。そうした考えから、「コト（事業の構想）、ヒト（仲間）、カネ（資金）」という言葉を選んでいる。

これらを合わせた言葉が、「イシ・コト・ヒト・カネ」だ。

ちなみに、これらのリソースは、一度に大量に備える必要はない。必要となる順番や必要の度合いは、時間とともに変化するものだし、その変化に応じたロジスティック、つまり適切な補充や配分こそが大事なのである。そして、意外に感じるかもしれないが、そのロジスティックはどの事業においてもほぼ共通し、次の5つのステップで重要度が変化していく。

では、企業の成長段階に応じて必要となる「イシ・コト・ヒト・カネ」を5つのステップで紹介していく。

イシ・コト・ヒト・カネの5つのステップ

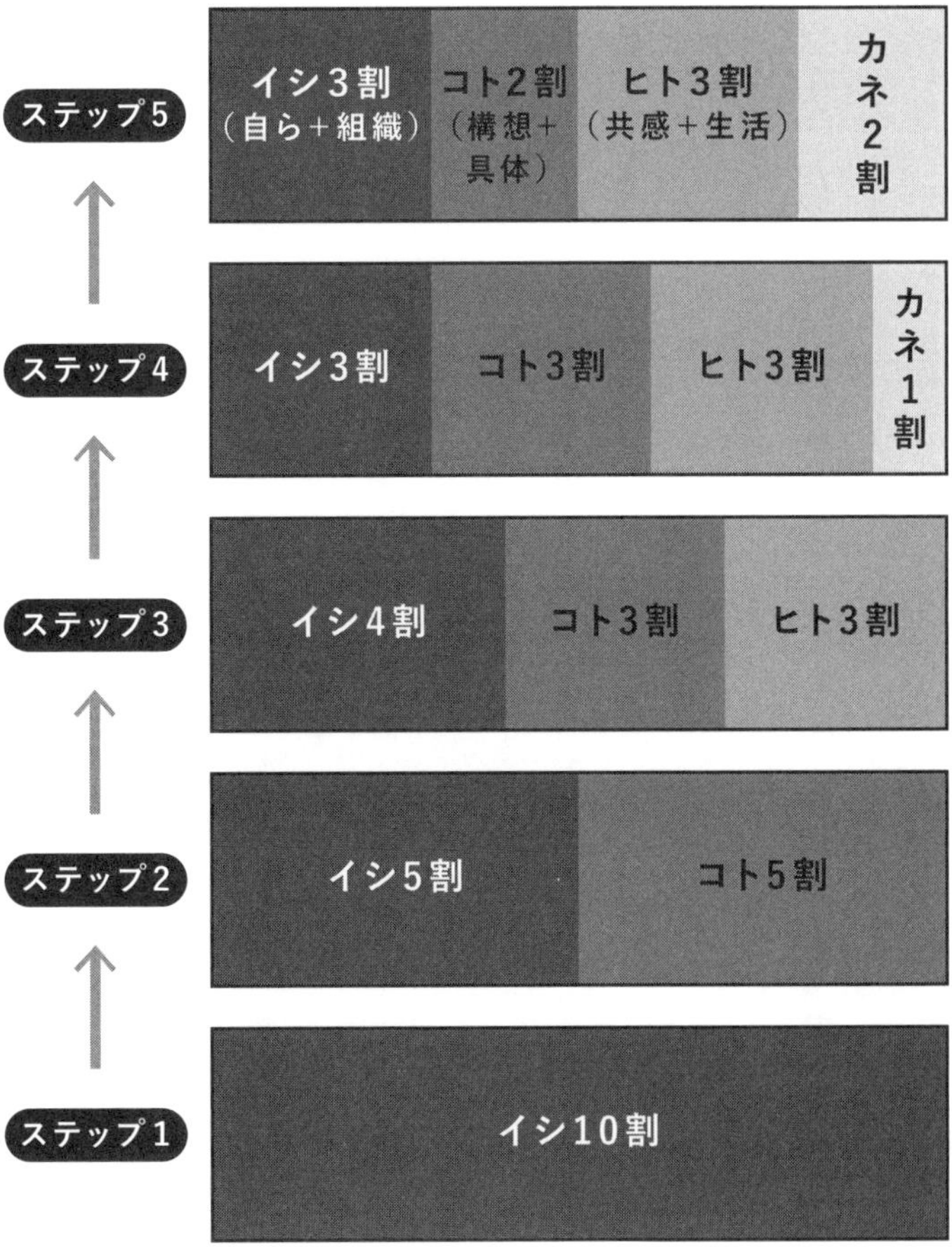

ステップ1 イシ10割

コト・ヒト・カネがすべて充足されていても、うまくいかない事業はたくさんある。なぜか？　それは、先に「意志」がないからである。「起業に大事な9つのポイント」の①でお伝えした「起業は意志が10割」はこの「イシ・コト・ヒト・カネの5つのステップ」でも該当する。

起業を目指す人からよくされる質問が、「オススメの事業はありますか？」「狙い目の業界はどこですか？」というものだ。まだリアルでたくさんのセミナーをしていた頃は、同様の質問を降壇後の名刺交換の場で、たびたび尋ねられた。「何をなし得たいのか」「どのような課題を解決したいのか」という「自らの意志」よりも先に、「何かいいネタはないか？」と尋ねてしまう。

繰り返しになるが、それではうまくいかない。

根がはっていない木は、枝や葉を茂らそうとしても、風によって倒れてしまう。同様に、**「自らの意志」がなければ、いくらコト・ヒト・カネがあっても意味がない**。

だから、**【ステップ1】**は「自らの意志10割」なのである。

なお、踏まえておいてほしいのが、コト・ヒト・カネがないからといって起業を諦める必要はないということだ。また、コト・ヒト・カネが十分得られてから起業しようという考えも間違っている。さらにいうと、コト・ヒト・カネがあるから事業が成功するというわけでもない。

コト・ヒト・カネは必要に応じて、集まって（集めて）くるものだし、段階によってその必要性は変わってくる。では、次の段階では何が必要になるかを見ていこう。

ステップ2 イシ5割＋コト5割

【ステップ2】では、イシ（自らの意志）にコト（事業の構想）が加わる。

意志10割で「やるぞっ！」と思っても、もう少し具体的にしていかなければ周りの人に共感してもらえない。たとえば、「僕は世界を平和にしたいんだ！」と訴えても、周囲は「へぇー、大事なことだよね」で終わってしまう。「どうやって世界の平和を実現するのか」という青写真、つまり世界平和のための具体的な作戦や手順、体制案が必要なのである。この段階では、意志さえあればそれでいい（イシ10割）から、その意志は何なのか（イシ5割＋コト5割）へとステップを進めるということである。

なお、この時点では、精緻なパワーポイントやエクセルを作る必要はない。解像度は低くても、他の人が「なるほど、そういうことをやりたいのね」と思えるくらいのカタチにまとまっていれば十分だ。精緻に資料を作り込むことに時間を使うくらいなら、意志を語り、語ることで意志をさらに強くすることに時間を使ってほしい。

ステップ3

イシ4割＋コト3割＋ヒト3割

【ステップ3】では、イシ（自らの意志）とコト（事業の構想）にヒト（共感した仲間）が加わる。

事業の構想をきちんと伝えていくと、必ず共感する仲間が現れる。逆に、仲間が増えていかないということは、あなたがきちんと構想を伝えられていないということだ。この時、「構想を語る桁」を間違えてはいけない。2〜3人に話してダメだったというレベルではまったく足りていない。20〜30人だって少なすぎる。**あなたの意志が続く限り100人でも200人でも語り続けることが大事だ**。語ったら語った分だけ、コトが具体化されていく。そして、その中で、必ず仲間が現れる。

一人でできることは限られている。仲間が現れることで、できることが何倍にも広がっていく。たった一人でも仲間ができると、自分だけでやってきた時とはガラリと景色が変わる。【ステップ3】では、その領域を目指してほしい。

ステップ4 イシ3割＋コト3割＋ヒト3割＋カネ1割

【ステップ4】になって初めて、カネ（経営のための資金）の必要性が出てくる。もちろんそれまでの間、一円の元手もかからないという意味ではない。事業を進めていくための資金調達の必要性、ということだ。この段階になると、事業の確度が高まり、それを加速させる仲間も集まってくるようになる。**成長期の入り口が見え始める**のだ。だからこそ、**そのスピードを減速させないための十分な資金**が必要となるのだ。企業のありとあらゆる活動には、お金がかかる。そのため、資金の不足は致命傷になりうる。

とはいえ、「自らの意志」や「事業の構想」「共感した仲間」のほうが先行的に重要だという大前提は忘れずにいてほしい。**「自らの意志」「事業の構想」「共感した仲間」があって初めて、調達した資金を額面以上に活かしていくことができる**からだ。致命的に大事な「カネ」の割合を1割としているのは、その思いを込めている。

ステップ5 イシ3割（自ら＋組織）＋コト2割（構想＋具体）＋ヒト3割（共感＋生活）＋カネ2割

【ステップ5】までくると、いよいよ事業が軌道に乗り始め、規模が広がっていく。この段階では、コトを「構想」と「具体」の2つに分けて考える必要が出てくる。事業の構想が現実化され、具体的な成果となって現れ始めている段階だからだ。**「顧客価値の力強さ」「秀逸なマネタイズ」「確かなオペレーション」**などが日を追うごとに増していく。あわせて、**ヒトも「共感」と「生活」の2つに分けて考える**必要が出てくる。

「共感」とは、事業に賛同し、我が事として邁進してくれる仲間。「生活」とは、賃金を得るために働く仲間のことだ。これは、どちらがよいとか悪いとかということではなく、会社の規模が大きくなり参画者も増えてくれば、自然と働くモチベーションには差が出てくるということを表している。関わる人が増えていくので、カネの割合も2割とやや上がっていく。

この段階では、いわば成長期のような「成長痛」が始まる時期でもある。その「成長痛」の最たるものが、「イシ」の部分に現れる。**「自らの意志」から「自らの意志＋組織の意志」に大きく進化するタイミング**なのだ。スタート時は、あくまで個人の意志だったものが、企業として成長し、関わる人が増えていくと組織としての意志も重要になっていくのだ。社長の意志はもちろん大切だが、一人で突っ走りすぎると他のメンバーがついてこられず、組織としてうまく機能しなくなってしまう。**一人の意志を組織の意志にしていく**ことが、このタイミングでは重要なのだ。これが、その企業らしい組織文化を育むことにつながっていく。

また、その文化が組織の隅々まで浸透していくことも大事な要件となる。このような文化構築ができた企業には「求心力」が働く。そして、組織が大きくなればなっただけ、いや、なった以上に、文化が力となっていく。一方で、文化構築ができなかった企業は求心力が欠ける。中心部は高速回転をしているのに、遠隔部はまるで何も動いていないかのように停滞する。つまり、手の届かない目の届かない場所で、問題がくすぶり続けている状態ができあがるのだ。

5つのステップを説明したが、改めて僕が伝えたいのは、意志が大事ということだ。起業はうまくいかないことの連続だ。狙いを定めたサービスが転ぶかもしれないし、信頼していた仲間が離れていくようなこともある。それを乗り越えていくには、自らの意志しかない。絶対に忘れないでほしいのは、**マスターリソースである「意志」からスタートする**ということだ。

そして、もうひとつ。

この5つのステップが、すべて順調で、なんのよどみもなく、なめらかに右肩上がりで進んでいくということは、まずありえない。繰り返しになるが、起業はうまくいかないことの連続だからだ。あくまで5つのステップは目安にしてほしいのだ。このステップを参考に、あなたの事業の未来を見通してほしい。「予習」としてイメージしてみることが、これから先の「うまくいかないこと」を最小限にし、「圧倒的な成長」の糧《かて》となる。

すでに事業をスタートしている方はこのステップを参考に、あなたの事業のこれまでの道のりを振り返ってほしい。その「復習」がこれから先の「うまくいかないこと」を最小限にし、「圧倒的な成長」の糧となる。

ポイント

イシ・コト・ヒト・カネは、事業の成長度合いによって、必要となる割合がある。「イシ・コト・ヒト・カネの5つのステップ」を踏まえ、未来をイメージし、これまでの軌跡を振り返ろう!

9つのポイント 4 コト＝勝ち筋の確立

「起業に大事な9つのポイント」の4つ目は**「勝ち筋の確立」**だ。コト（事業の構想）を考える時、もっとも大事なことは、この「勝ち筋の確立」である。事業開発のプロセスは、勝ち筋を作り上げるプロセスだといっていい。

では、「勝ち筋」とは何か。

僕が使っている勝ち筋という言葉の意味は、その事業が成長、成功するための戦略ストーリーだ。因数分解すると以下のようになる。

勝ち筋の因数分解

勝ち筋＝勝利の物語＋勝利の方程式
勝利の物語＝その事業の成長、成功の肝となる部分を、文章で表したもの
勝利の方程式＝その事業の成長、成功の肝となる部分を、数式で表したもの

たとえば、初期の頃のラクスルは「勝利の物語」を次のように描いていた。

- 印刷ECのメリットである「安さ」を伝えるために「ワンコイン名刺」と銘打ち、100枚わずか500円という、当時としては破格の価格を看板とした。スーパーのチラシでいう特売の卵（客寄せ商品）の役割を持たせた。
- そのまま「名刺だけ」の注文が繰り返されてしまうと商売的にはかなり苦しいが、注文の幅が「チラシ」にまで広がると、事業としての成立が見え始める。
- このチラシの注文のうち、「大量」の注文をしたお客様は、刷ったチラシを「配る」ということに、きっと苦労をしているはずだ。
- だとしたら、印刷会社を束ねるビジネスモデルのラクスルが、新聞折込会社やポスティング会社などの「配る会社」も束ねれば、「刷って配る」という顧客の一区切りに合わせた価値提供を実現することになる。
- 結果、刷るだけでは1枚1円のチラシが、刷ってポスティングすることで1枚10円という「顧客単価10倍」を手に入れることになる。
- 果たして、500円のワンコイン名刺からのスタートが、10万円のポスティングにまで発展する。「ラクスルわらしベストーリー」がここに成立した。

- 印刷を「ラクに刷る」ラクスルから、商売を「ラクにする」ラクスルに進化した瞬間である。

また、「勝利の方程式」は下記の通りだ。

- 初月100人から印刷の注文が入ると、翌月はそのうちの30人が再度注文をくれ、翌々月以降は20人が再度の注文を繰り返してくれた。その30人、20人、20人を積み重ね……の1年分をギュッとまとめると、100人のうち70人が再注文をしてくれた。
- 年間のリピート回数は約7回、うち初月だけで2・5回を占め、3回目の購入があるかないかが、継続利用の大きな分かれ目であった。
- 平均注文単価は1万円。ただし、1万円分の注文はほぼなく、多くが3000円の注文で、5万円以上の注文がパラパラある状態。結果として、1万円が平均単価となった。

こうして捕捉した数値を組み合わせ、事業の成長、成功の肝となる部分を式化していった。

なお、数字については、当時と今で乖離《かいり》があったり、公表していなかったりするので、以上で紹介した以外は、現在ラクスルが開示をしている、ラクスルIR資料などを参照してほしい。なお、以下はそのラクスルIR資料から参考になりそうな部分を抜き出してみた。

- ラクスルは、事業から創出されるキャッシュフローを成長投資に振り向けることで、継続的な成長を実現している。
- よって、顧客からの信頼の総和である売上高と、顧客およびサプライヤーへの付加価値の総和である売上総利益の2つを事業KPI（重要業績評価指標）に分解し、目標の達成に向けたプロセスが適切に実施されているかを計測する。
- 売上高は、顧客数、購入回数、単価という事業KPIに分解される。
- 売上総利益は、サービスの高付加価値化、原価低減／サプライヤーの生産性向上という事業KPIに分解される。
- つまりは、売上高（顧客数×購入回数×単価）×売上総利益率（サービスの高付加価値化＋原価低減／サプライヤーの生産性向上）＝売上総利益（売上総利益の拡大↓成長投資の拡大↓企業価値の向上スパイラル）となる。

もちろん、60〜61ページで述べた勝ち筋は、最初から狙っていたものではなく、試行錯誤を重ね、もがき苦しみ、ようやく辿り着いたラクスルの初期の初期の勝ち筋である。勝ち筋が見えるまでは、何回試したか、何回仮説を検証したかが、スタートアップの成長を規定するといっても過言ではない。

試して、試して、試し切ること。そうしなければ、勝ち筋は見えてこない。「今月、自分たちは試し切ったか？」という振り返りをしてほしい。最初から思った通りいくことなど、そうない。だから僕は、関わる企業が泥臭くどんどん試していくことを全力で後押ししている。

＼ポイント／

勝ち筋が見えるまで、何度でも、試行錯誤を続けていく。

9つのポイント 5

ヒト＝仲間と場所の力学

「起業に大事な9つのポイント」の5つ目は、「ヒト」についてお伝えする。それはつまり、**「共感した仲間」**についてだ。

起業のスタート時から、自分の足りない点を補ってくれる優秀な仲間が勝手に集まってくる、なんてことはあり得ない。たとえば、今はDXが注目されているから、その分野の優秀で実績ある経験者を揃えられたら、それだけで会社がバージョンアップしたような気がするだろう。しかし、そんな人材はただ待っているだけではやってこない。今、ほしい人材は集中している。優秀な人材の採用は、いつだって難しいのだ。

ただし、ヒトがいないから最初の一歩を踏み出せない、なんてこともない。必要な人材が社内にいなくても、**「生態系」を持つことで人材の力を担保**すればよいのだ。生態系とは、つまり、「この分野だったらこの人に相談しよう」「これはあの人に頼むとうまくいくかもしれない」など、困った時や事業を進める時にパッと顔が思い浮かぶような人々との**「信頼のつながり」**である。

わかりやすい例で説明しよう。

僕はメディカル領域で規制に挑むような事業を立案することが多い。僕は医師でも看護師でもないから、こうした領域で事業を起こすには必然的にさまざまな医療関係者の力が必要となる。「違法ではないのですが、適法とも言い切れず、どう解釈したらよいですか?」など、その道に詳しい人ならわかることが、僕にはわからないということも多い。

だから、医師の中でも規制緩和によって患者のためになるような治療をしたいと思っている方や、法にも詳しい方とのつながりが絶対に欠かせない。つながりなしに、医療や規制の知識を一人でつけようとすることは不可能だし、非効率だ。それをしている間に事業の機会を逸してしまうだろうし、どんなに優秀な人でも、すべての知識やすべての能力を自分一人で担保することはできない。

だから、生態系が必要なのである。

もしかしたら、あなたは訝《いぶか》しがるかもしれない。「医師の中で、規制緩和によって患者のためになるような治療をしたいと思っている方や法にも詳しい方」なんて、そうそう都合よく知り合えるわけがないのではないか、と。

もちろん、何の努力も行動もせずに会えるわけはない。今さら僕がいうまでもない、ものすごく当たり前のことだ。日々の努力の積み重ね、信頼の積み重ねでしか、人の縁は広がらない。


つながり方は、シンプルに**「ツテを辿るだけ」**である。

あなたには目的があり、そのために会いたい人がいる。だから「その人」につながっていそうな人に、あなたが何をしたいのか、それにより、どのような良いことが実現できるのか、そして、なぜ「その人」に会いたいのかを伝える。それを繰り返すだけだ。何度か繰り返せば、やがて「その人」に近い人まで、辿り着ける。

ただし、**「信義誠実の原則に則って、辿り着くまでちゃんとおこなえば」**である。


この当たり前のことが、案外難しい。たいていの場合は、入り口からすでにつまずいている。会いたい「その人」の解像度が低いから、つないでほしいとお願いされた側が、誰を紹介すればよいかがわからないのだ。わからないから、紹介の確度が下がる。こうなれば、紹介するほうもされるほうも、そして、されたほうも具合が悪い。最悪の場合、その事業にとってマイナスな人としかつながることができず、そのことによって、事業の明暗が分かれてしまうことさえある。

だからこそ、「その人」に会えるステップをきちんと踏むことが重要なのだ。そうすれば、必ず「その人」がたくさんいる「場所」に行き着ける。類は友を呼ぶので、「その人」たちと一挙に会えることも多い。そこまで行ければ、あなたの生態系は、格段に大きく強くなる。場所の力は本当に大きい。なぜならば、**良質な場所には、強力な〝上昇気流〟が生じている**からだ。その場所に身を置けた時点で、あなたは気運に乗り上昇していくことができる。つまり、かなりの確率で成功を手にしているのだ。

つまりは、「ヒト」に関することは、手間暇かけて丁寧におこなうことが、結局のところ、一番早くて安くてエコだ、ということである。

ポイント

仲間の力、場の力は絶大。コミュニケーションの手を抜かない。絶対に！

9つのポイント 6 カネ＝もっとも大事

「起業に大事な9つのポイント」6つ目はおカネについて。「イシ・コト・ヒト・カネ」と書いた通り、**「カネ」の出番は最後**だ。「カネより意志だ」とはいっていないが、「イシ・コト・ヒト・カネ」の順だということは、「相対的にカネは重要ではない」といっていると思われても仕方ない表現かもしれない。

とはいえ、当たり前だが、起業とカネの関係性は深い。企業経営はあらゆることにカネがかかる。たとえ、経済活動ではなく、NPOのような社会活動であったとしても、必ずマネタイズの仕組みを構築しなければ継続していくことはできない。

僕は独立した際、ラクスルと同時期にケアプロという会社の経営に参画した。ケアプロは、予防医療事業を推進する会社として、いわゆるソーシャルベンチャーの先駆けであった。日本では、生活習慣病から重篤な症状に陥ったり、重病を併発したりする人が少なくない。これは、国の財政を大きく逼迫《ひっぱく》させる要因となっている。ケアプロはこの状況をなんとか打開したいと考え、2007年に創業した。健康診断に行かない人、もしくは行けない人に、健康診断を受けてもらい予防サイクルを身につけてもらうことが事業の目的だ。

ご想像の通り、この事業のマネタイズは難しい。健康に興味のない人に興味を持ってもらい、お金を払って予防医療に努めてもらう社会貢献的なビジネスだからである。投資らしい投資をせず、すべての無駄を削りながら走り続けたが、マネタイズするまでに数年を要した。

試行錯誤を繰り返した末にマネタイズに辿り着いたのだが、その方法は、企業のCSR予算と販促予算をケアプロの収益に変えたことだった。CSR予算とは、企業が社会貢献活動として確保している資金のことである。パチンコ店やスーパーなどに出店し、500円で健康チェックをする。もちろん、パチンコ店にいる人もスーパーにいる人も、そもそも健康チェックをしにその場所に来ているわけではないため、顧客からたくさんの報酬をもらうことは難しい。そこで考えるのは、**「顧客以外の誰か」から報酬を得る仕組み**だ。

そこで、ケアプロは出店した店舗と協働することにした。結果的に、パチンコ店がCSR予算として協賛してくれることとなった。パチンコ店は、高齢者などが足しげく通う地域の娯楽施設になっている側面がある。地域の顧客の健康のために、CSR予算を活用してくれたのだ。同様に、スーパーでは健康食品の企業が協賛してくれるようにもなった。

このように両者にとってプラスになる事業を練り上げて、ミッションをブレさせずに、マネタイズをしていった。結果的に、現在、ケアプロは延べ50万人もの方々にサービスを提供する企業へと成長している。

ケアプロの例のように、「売り上げをつくる」という「見える」カネの話はわかりやすい。わかりにくいのは、「見えにくい」カネである。

会社の中にあるすべての物は、「カネ」である。机も椅子もパソコンも鉛筆も、あらゆるものが「カネ」を払った対価として存在している。日々流れている時間も、じつは「カネ」だったりする。今日一日は、その年の1／365日分の費用であり、今の1時間は、その日の1／24時間分の費用なのである。

また、あらゆる利害関係者との信頼も、「カネ」だったりする。契約に対してどれだけきちんと役割を果たせたか、期待以上の働きができたか、そうした一つ一つの信頼が、会社の資産そのものなのだ。

そしてそれらの「カネ」は、健全な投資かもしれないし、不健全な赤字かもしれない。さらには、その健全不健全は、時とともに状況とともに入れ替わったりする。こうした「カネ」は非常に換算しにくい。

大切なのは、**一見「カネ」っぽくないエトセトラに対する強い「嗅覚」を持つ**ことだ。いちいち数値に置き換えることができるものではないため、まさに嗅ぎ取る感性を身につけるべきなのである。

企業、特に大企業に勤めてきた人は、全社の売り上げや利益と自分の行動を結びつけるクセがついていない。給料日に給料が振り込まれることが当たり前なので、稼ぎ（労働）と給料の関係性を見失いがちなのだ。そうした意味で、給料とは中毒性があるものだと思っている。あまりに当たり前に給料が支払われると、本来持っていなければならない「カネへの嗅覚」が退化してしまうからだ。稼がなくても、月末に給料が何事もなかったかのように振り込まれていては、その感覚が鈍っても無理はない。

大企業にいるうちはそれでも生きていけたかもしれないが、完全に退化してから起業すると、「カネ」に苦労をしてしまう。そこそこの報酬だと思ったが労働時間がかかりすぎて結局は赤字になってしまったり、長い目で見て信頼を損なうおこないをし、存続が危ぶまれたりする。目に見える「カネ」をいくら持っているかも大事だが、こうした**「カネ」への感覚値を持っていることが、より重要**だと僕は思っている。

「カネ」に関する重要性は、伝わっただろうか。

これまで僕は、「自らの意志」が一番大事だと、何度も何度もいってきた。そして意志に続くものとして、「勝ち筋の確立」や「仲間と場所の力学」についても力説してきた。それはその通りで揺るぎないのだが、加えて「カネへの嗅覚」も重要なのである。だから、あえて「9つのポイント⑥　カネ＝もっとも大事」という小見出しとした。

嗅覚が乏しいと自覚のある人は、努めて研ぎ澄ますようにしてほしい。嗅覚という五感で表現したように、残念ながら一朝一夕で身につくものではない。しかし、経営を自らのこととして考える姿勢があれば、おのずと身につくものだともいえる。日々の積み重ねなのだ。

＼ポイント／

見えにくい「カネ」も含めて、カネへの「嗅覚」を研ぎ澄ます。

9つのポイント7 一筆書きの高速回転

6つ目までで、「イシ・コト・ヒト・カネ」を説明した。「起業に大事な9つのポイント」7つ目は、個別の要素ではなく、全体の考え方と動き方である**「一筆書きの高速回転」**についてお伝えする。この項目で大切なことは、2つある。1つ目は、「一筆書き」の部分。ビジネスモデルを自分の頭の中でとどめておくのではなくアウトプットせよということだ。そして2つ目は、「高速回転」の部分。**そのビジネスモデルを「桁違いに」「一筆書きで」更新しまくれ**ということだ。

1つ目の「一筆書き」について話をしよう。

起業すると、自らの考えを人に披露する場が、おのずと訪れる。仲間に共感してもらうためには、自らの考えをわかりやすく表現して伝えなければいけない。ましてや、投資をしてもらおうと思うなら、自社のビジネスモデルの優れている点や、数値的な見込み、立ち上げる仲間の素晴らしさ、タイミングの必然性、競合との違いなど、さまざまな観点から語る必要がある。もちろん、そういった外向きの意味だけでなく、自分の頭

どのような商品やサービスを提供するか？

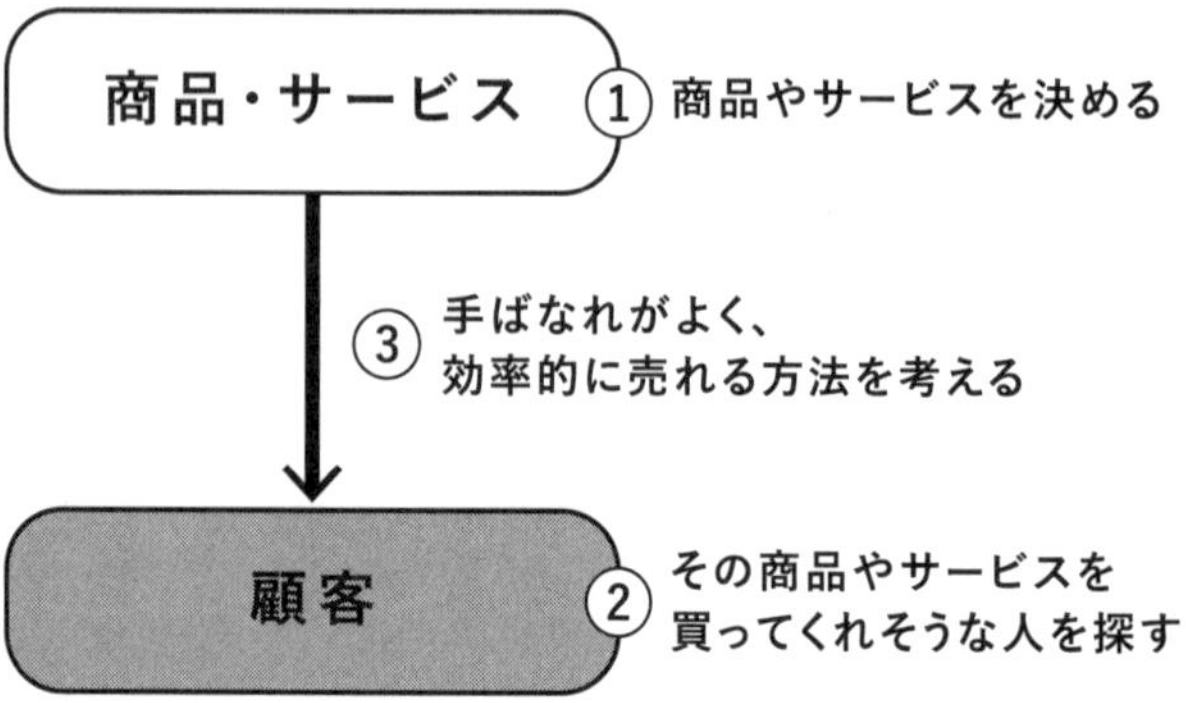
商品・サービス
① 商品やサービスを決める
③ 手ばなれがよく、
効率的に売れる方法を考える
顧客
② その商品やサービスを
買ってくれそうな人を探す

の中を整理する意味でもこうした場は重要だ。

だから世の中には、「ビジネスモデルのフォーマット」のようなものがたくさん出ている。どれが正解でどれが不正解ということはなくて、そのどれもが、作成者の経験や研究から導き出された素晴らしいものなのだと思う。だから、あなた自身にとってしっくりくる何かを使えばいい。

ただ、ここでは事業を考える時の僕の頭の中を開示するという意味でも、使用しているフレームを紹介したい。

事業を生み出す時、最初に考えるのは、「どのような商品やサービスを提供するか？」ではなかろうか。「これまで培ってきた経験や人脈を活かした商品やサービス」「業界動向や消費者動向の調査資料などから得たアイデア」などを検討するパターンが多いのではないかと思う。この検討のプロセスを図示すると、74ページの図のような手順となる。

しかしながら、この手順は間違っている。

この手順が通用したのは、商品やサービスが不足していた時代の話であり、国が成長期で産業が未成熟であった時代の考え方だ。昭和の時代はとっくに終わり、すでに平成も過ぎて令和となっている今、この考え方で通じる市場は、極端に少ない。現在の日本は、商品やサービスがひとしきり充足され、加えて少子高齢化と不景気で市場自体が縮小している状況だ。この状況の中では、成功確度を高くするためには「違う順番、高い顧客解像度」で臨む必要がある。

その検討プロセスを図示すると、76ページの図に示すように12個の手順となる。

違う順番、高い顧客解像度

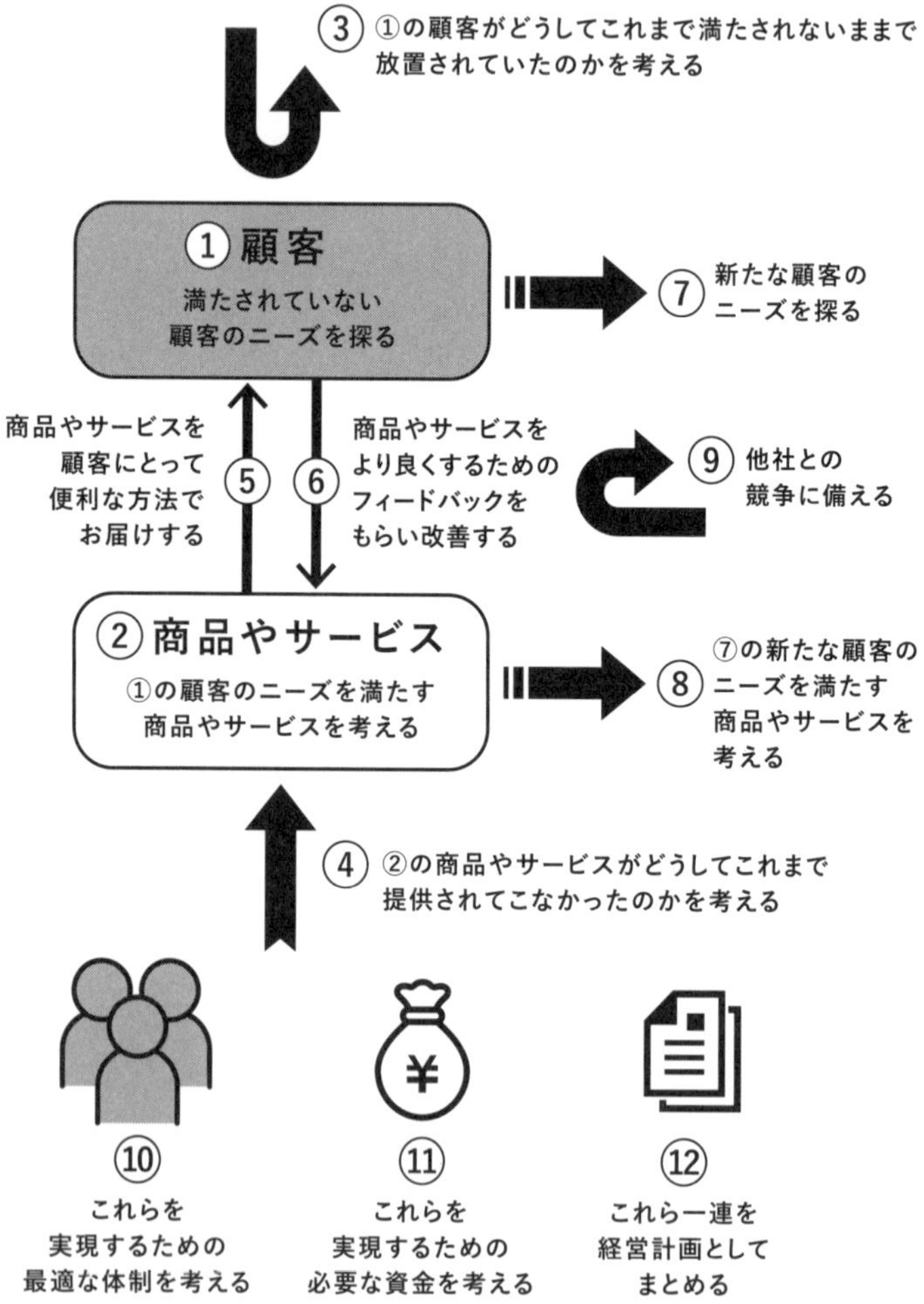

それぞれについて補足をすると、以下となる。

①満たされていない顧客のニーズを探る

まずは顧客、**とにかく顧客から始める。**実際には、「こんな技術がある」などがキッカケであってもいい。ただし「その技術を誰かに売る」ではなく、「こんな人がこんなことに困っているから、その解決にこの技術がぴったり」というように、**後付けでもよいので、思考の起点を顧客に持ってくる**ことだ。起点を間違うと、そのあとすべてを間違うことになる。

②①のニーズを満たす商品やサービスを考える

①が決まれば、②の対象が絞られる。考えた②でよいかどうかも、①を軸に考えればよいので判断の対象が絞られる。この**「絞られること」は非常に大事**である。起業には制約がないので、360度自由すぎて絞り込むことが難しいからだ。**何かに絞るということは、それ以外は捨てる**ということであり、この「捨てる」という決心は簡単なことではない。怖ささえある。どうしても、「あっちのほうがよいかも、これもよいかも……」とブレてしまいがちなのだ。

③①がどうしてこれまで満たされないままで放置されていたのかを考える

①と②が決まったので、どんどん次に進める、といきたいところだが、ここで一度立ちどまってほしい。①の「満たされていない顧客のニーズ」は、**本当に満たされていないのか**ということである。よくある間違いは「あったらいいな」である。ニーズがあるかないかでいうと、ニーズはある。あったらいいかと訊けば、いいと答えてくれる。しかしいざ、「では、この仮注文書にサインしてください」といったら、ほとんどの人がサインをためらうものなのではないか。実際にお金を払うほどほしいわけではないということもある。僕たちは事業をしようとしているのだから、経済的な価値がない領域で儲けようとしてはいけない。

④②がどうしてこれまで提供されてこなかったのかを考える

これは、③に近い話である。経済的にも存在し得る、筋のいいニーズを発見できた。それを満たす良い打ち手も考えられた。でも、考えてほしい。そこに辿り着いたのは、あなただけだろうか。あなたが前人未到の領域の一番の開拓者である可能性は低い。おそらく、我々の前に辿り着いた人はたくさんいて、でも、その領域がいまだに白地で残っている。つまり、残っているからには残っているだけの理由があるのだ。多くの顧客が買える値段で作れない、売るための費用を上乗せすると買ってもらえない。そういった、**提供の難しさが存在している可能性は高い**。

⑤商品やサービスを顧客にとって便利な方法で届ける

「国が成長期で産業が未成熟であった時代」の、今では古くて通じないビジネスモデルとして、「手ばなれがよく、効率的に売れる方法を考える」ということを書いた。この考え方の何がダメなのか。それは、「主語が自社」だからである。自社都合では、顧客のニーズには応えられない。顧客を主語にした方法、つまり**「商品・サービスを顧客にとって便利な方法で届ける」**ことができなければ、顧客から支持をもらうことはできない。

⑥商品やサービスをより良くするためのフィードバックをもらい改善する

多くの事業計画書には「顧客の声に耳を傾け商品・サービスを進化させる」と書いてはある。だが、そのような「姿勢」が書いてあるだけではそれを果たすことはできない。本当にそう実行するつもりがあるならば、具体的にどういった手順で顧客の声を集め、どう商品・サービスの改善に落とし込んでいくのか、そして、その体制や費用がどのようになっているのかまで構成が立てられているはずだ。「姿勢」だけでは終わらずに、**フィードバックのもらい方・活かし方が構造化**されていなければ、現実化することは難しい。

⑦新たな顧客のニーズを探る

⑧そのニーズを満たす商品やサービスを考える

これまで①〜⑥を一生懸命に回すと、おのずと⑦と⑧に帰着するはずである。この時に注意しなければならないのは、「広がれば広がるほど薄まる」ということだ。最初の商品は、もっとも顧客のニーズの強い「中心ニーズ」のはずである。だとしたら次にリリースした商品は、どうしても「周辺ニーズ」になってしまう。もちろん、そこまで極端ではないとしても、どんどん広げていくに従い、**中心ニーズから周辺ニーズに至り、顧客にとっての価値が小さくなっていく現象**が必ず起こる。だからこそ、安易に広げるのではなく、新たな⑦⑧も、最初の①②のごとく、懸命に考える必要がある。

⑨他社との競争に備える

ここまで進むと、もしくは、ここまで進まなくても、後発企業は攻めてくる。なぜなら、あなたが事業を立ち上げたように、あなた以外のおびただしい数のビジネスパーソンが、新たな事業のタネを探しているからだ。他社との競争には常に備えておかなければいけない。

他社との競争は、高級すし店が回転ずし店に顧客を奪われるというようなわかりやすい競合関係ではないかもしれない。顧客の財布は一つだから、「飲み代を節約してスマホ代に充てる」ということが往々にして起こりうる。その場合は、どこに敵がいるのかが非常に見定めにくいのだ。他社が追いかけてくるまでの間に、何かしらの方法で、**「追随されても大丈夫」もしくは「追随されることを前提とした備え」を構築**する必要がある。

⑩これらを実現するための最適な体制を考える

⑪これらを実現するための必要な資金を考える

あなたがおこなう事業の課題解決が大きければ大きいほど、より多くの仲間が必要であり、資金が必要となる。「最適な体制」とは、**必要な時に必要な仲間が必要なだけ揃っている**状態のことで、同様に「必要な資金」は、**必要な時に必要な資金が必要なだけ**

揃っていることである。

当然ながら、これを充足することは本当に難しい。一度でも起業したことがある人ならば、身に染みているはずである。しかし、初めて起業する人は、この大変さの理解が浅い。特に大企業で働いてきた人は、ヒトは人事部の話で、カネは財務部の話、というように領域が区切られていたために自分事として考える習慣がついていない。だから「この時期に人員や資金などのリソースを一気に投入して事業を加速させたい」とか、逆に「それまでのあいだは最低限のリソースで堪えなければ」とか、「いざアクセルを踏む時には、それに先立ちリソースの調達が必要だ」などの想いを馳せることに慣れていない。

経験値が少なく、見えていない領域は、時に致命傷となるので注意が必要である。

⑫これら一連を経営計画としてまとめる

今までお話ししたことを、「あなたの頭の中だけ」にとどめておいてはいけない。自らの頭の中を整理するためにも、これから出会う仲間に伝えるためにも、日々改善進化していくためにも、経営計画としてまとめておく必要がある。この時によくある間違いは、論理的で正しい力作を一生懸命に作ってしまうことである。経営計画を書くことで対価をもらう仕事であれば、見た目や分量も含めた力作が必要なのかもしれないが、自らの事業として立ち上げている起業家であるならば、経営計画書の見た目はほどほどでよい。特に最初の頃は、数行のメモで構わない。**美しいチャートを作る暇があれば、一件でも多く顧客のもとを訪ねるほうが100倍大事**である。

ここまで見てきた12個の手順だが、注意してほしいことがある。フレームワークを示すと、穴埋め問題を解く時のように、すべての枠を埋めることに躍起になってしまう人がいる。しかし、それでは意味がない。12個の枠組みがそれぞれ8％ずつの重みとして大切であるということではない。もちろんすべての項目が重要なのだが、一番大事なことは**全体として熾烈な競争を突破できる強さがあるかどうか**だ。

起業において、「こうすれば100％成功する」というメソッドはない。そんなものがあれば、全員が億万長者となっている。僕は、**起業はアートであり、スポーツ**だと思っている。アート表現を上達させる方法はあるし、スポーツの腕を上げていくことはできる。しかし、アーティストとして100％成功することや、スポーツの試合で100％勝利することはできない。逆にいうと、たとえ欠点があっても、それをカバーして余りある魅力・長所があれば成功する。僕はスポーツでいう、姿勢を教え、練習の仕方を伝えることはできる。これで勝率は上げられるだろう。しかし、絶対に成功するとは言い切れない。

事業としての「強さ」とは、アートでいう絶対的魅力であり、スポーツでいう爆発力だ。どんなにディフェンスが弱くても圧倒的なオフェンス力があれば勝ち上がれる。だから、このシートを全部きれいに埋めることに重きを置くのではなく、生命が通った作戦が見えるマップにしてほしい。

1つ目が長くなってしまったが、ここからは、2つ目の「高速回転」についてお伝えしよう。

「一筆書き」すべきは、12個の手順である。最初の内は、まったくもって解像度が低くてもかまわない。特に、「体制」「資金」「経営計画書」などは、前の要素が変動すれば変わってしまうことなので、**本当に粗くてかまわない。それよりも、とにかく一気に書き上げてほしい**。最初は10分程度で一通り考えるだけでもかまわない。こだわるのは、一筆書きで一気に書き上げることだ。そして、12個のうちのどれかの解像度が上がるたびに、改めて一筆書きをしてほしい。そうすることで、どんどん景色は変わり、ビジネ

「一筆書きの高速回転」のイメージ

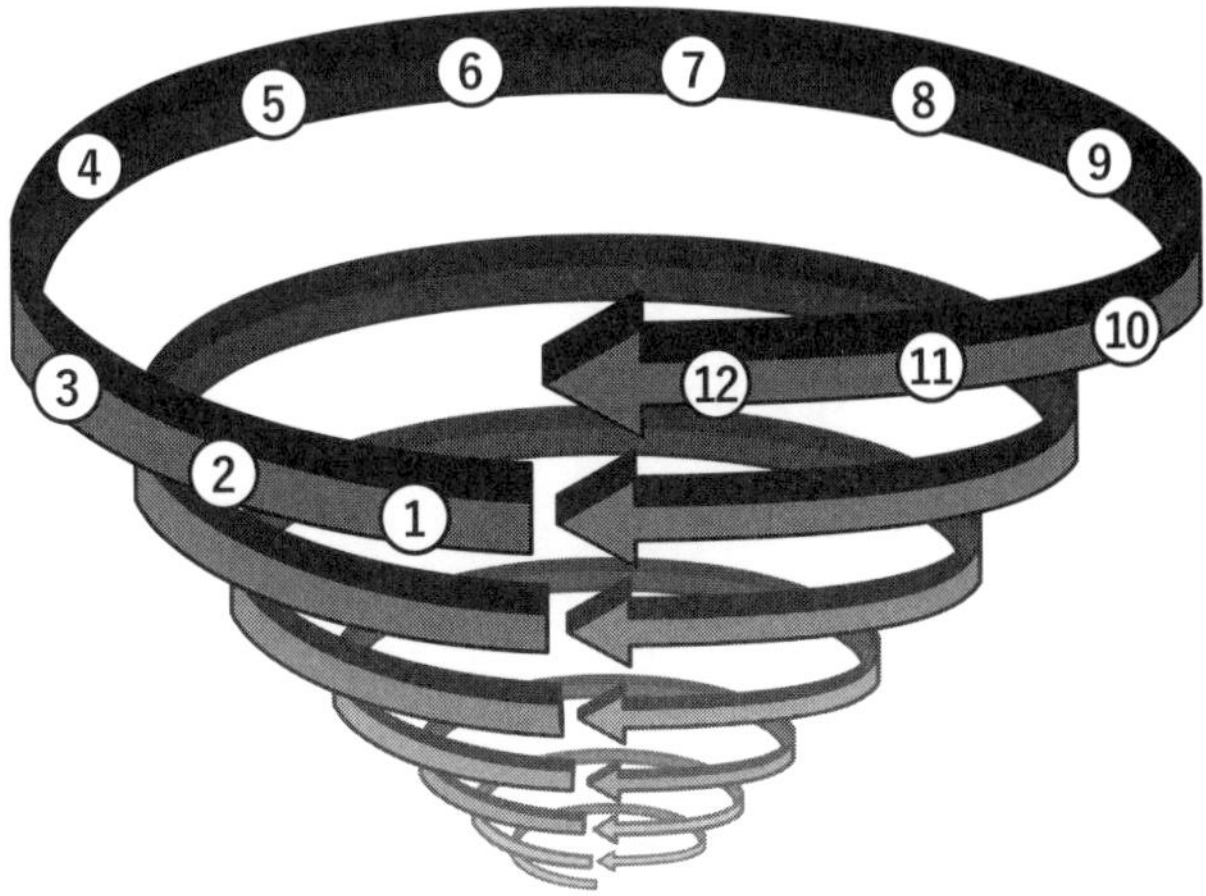

① 満たされていない顧客のニーズを探る
② ①のニーズを満たす商品やサービスを考える
③ ①がどうしてこれまで満たされないままで放置されていたのかを考える
④ ②がどうしてこれまで提供されてこなかったのかを考える
⑤ 商品・サービスを顧客にとって便利な方法で届ける
⑥ 商品・サービスをより良くするためのフィードバックをもらい改善する
⑦ 新たな顧客のニーズを探る
⑧ そのニーズを満たす商品やサービスを考える
⑨ 他社との競争に備える
⑩ これらを実現するための最適な体制を考える
⑪ これらを実現するための必要な資金を考える
⑫ これら一連を経営計画としてまとめる

スモデルは研ぎ澄まされたものとなっていく。

この何度も一筆書きする時の、「その回数の桁」を間違えないでほしい。最初のうちは毎日書き換えるくらいでちょうどいい。それくらい何度も何度も書くべきで、だから「粗くてもいい」といっているのだ。当然、丁寧に書き直したり、パワーポイントやエクセルにわざわざ落として作り込んだりするなど不要だ。精緻に12個の手順を資料化する時間があるなら、むしろ顧客のもとを訪ね、事業案をぶつけてほしい。ぶつければぶつけるほど、そして一筆書きの回数を重ねれば重ねるほど、事業は進化していく。

大事なことなので繰り返す。

粗くてもいいので何度も何度も一筆書きで書き直してほしい。

少なくとも顧客のもとを毎日訪ねる。訪ねた分だけ更新する。「毎日」だから、たとえば3ヵ月なら、100回程度は進化させるということだ。

ポイント

「強さ」を持ったビジネスモデルを構築し、高速回転させながらブラッシュアップする。

9つのポイント 8 報酬の4つのステップ

「起業に大事な9つのポイント」の8つ目は**「報酬の4つのステップ」**だ。

すでに何度もお伝えしているが、起業はそう簡単に成功はしない。本書でも、最低限知っておいてほしいことや成功率を上げる方法を書いているが、だからといって100%成功するとは限らない。

では、なぜ僕は多くの人の起業を後押しするのかというと、それは僕自身が起業により、どんどん好きなことができる人生になっていったからだ。

もちろん、平坦ではなかった。大きな挫折も経験したし、八方塞がりのように感じた時期もあった。しかしながら、結果として起業のリングから降りずに戦い続けた今に至っては、本当に仕事が楽しい。そんな起業の魅力を知っているからこそ、多くの人にも同じ景色を見てもらいたいと願うのだ。

ちなみに、僕の仕事は次のように進化し、それに応じて報酬が上がっていった。

【第1段階】報酬は、仕事の量稽古。量に比例して報酬が上がる
【第2段階】報酬は、個人としての強みを活かした仕事。強みに比例して報酬が上がる
【第3段階】報酬は、強みを活かした仕事の生態系の確立。生態系の規模や精度に比例して報酬が上がる
【第4段階】報酬は、したいことへの挑戦。チャレンジに比例して報酬が上がる

一般的には、「報酬＝金銭」だと捉えられると思う。そのため、右記の報酬の定義には、違和感を覚える人もいるかもしれない。

ただし僕としては、金銭の報酬は付随してきたものという感覚なのだ。**一番の報酬は経験である**。新規事業と起業を繰り返し重ねた量稽古や、自身の強みの発見、生態系の構築、そして、したいことへの挑戦といったすべてが僕の報酬であった。

これは僕の辿ってきた道ではあるが、実は普遍的なステップで、誰にでも当てはまる

と考えている。あなた自身の報酬も、この4段階を経ていくはずである。

なお、この報酬の定義がまったく金銭に連動していないのかといえば、そんなことはない。実際に僕の場合も、段階を経るにしたがって金銭的にも上がっている。僕の場合でいうと、第3段階から第4段階に移るあたりから急激に金銭的な報酬が上がり始めた。

では、それぞれの段階について詳しく見ていこう。

第1段階▼報酬は、仕事の量稽古。量に比例して報酬が上がる

第1段階は、僕の場合でいうと、ミスミ時代だ。大学を卒業して最初に就職した会社で、10年間、ただひたすら新規事業を担当した時代だ。

この時代の報酬が、なぜ**「仕事の量稽古」**なのか。そして、「量に比例して報酬が上がる」とはどういうことかについて説明しよう。

第1段階は、社会人生活が始まって間もない、仕事には慣れていない頃で、自分が何に合っているのかもわからず、強みといえるほどのものもない。強いていえば、「まっ

さら」が強みの状態だ。だからこそ、「仕事の量稽古」が重要なのである。

まっさらな状態は、学べば学んだだけ吸収していく。より良質な稽古を、より多くおこなった者が人一倍の成長を手に入れる。そして成長した人には、より大きな期待が集まる。そうなれば、さらなる良質な稽古を重ねることができ、成長が加速する。つまりは「量稽古した者が勝ち」ということだ。

第2段階 報酬は、個人としての強みを活かした仕事。強みに比例して報酬が上がる

第2段階は、僕の場合でいうとエムアウト時代だ。ミスミの創業社長である田口弘さんと一緒に立ち上げた会社で、「起業専業企業」であったため、ただひたすら新事業の立ち上げと売却を繰り返した。

「第1段階」で、量稽古を積んだため、強みの原型が見え始めている。そうすると、「その強みに応じた仕事」が集まり始めてくるし、「強みを活かそう」ともし始める。**量から質に変換**がなされるのだ。そして、**質を伴った量稽古は、ある一定の閾値《しきいち》を超えた段階で、初見の仕事でも経験を活かして臨むことができる**ようになる。さまざまな情

報の中から素早く本質を見出し、応用が利くようになるのだ。この状況こそ、強みが具現化された瞬間といえる。

第3段階 報酬は、強みを活かした仕事の生態系の確立。生態系の規模や精度に比例して報酬が上がる

第3段階は、僕の場合でいうと守屋実事務所の創業時代だ。この時期、ラクスルとケアプロの創業に参画をさせてもらった。2社のスタートアップの副社長を兼任するという身の丈を超えたチャレンジが、個のレベルの不足を補うためのネットワークを必要とし、結果として「起業の生態系」を作るに至った。

「第2段階」で強みを持ったあなたは、あなたの強みを持たない人に頼られるようになる。その逆もしかりで、あなたが持っていない強みを持っている人に、頼らせてもらうこともあるだろう。この関係が、**一方的な強みの搾取ではなく、互いの強みを等価交換**できた時、より良い結果が生まれてくる。そして、より強くて広いネットワークへ成長が加速するのだ。

第４段階
報酬は、したいことへの挑戦。チャレンジに比例して報酬が上がる

第４段階は、僕の場合でいうと本書を書いている「今」だ。

第３段階でネットワークの力を得て、すでに一定程度の成功を収めている。少なくとも「これを成し遂げた！」と思える原体験は得ており、金銭的な報酬の面でも将来の不安に縛られる時期を抜け出している。そうした段階で次に見えてくるシーンは、**仕事が仕事でなくなる瞬間**だ。

仕事をライフワークとライスワークに分けると、限りなくライフワークの比率が高まる段階といえる。ライフワークは、やりたいこと、なし得たいことで、労働というよりは活動だ。ライスワークは、食べていくための労働で、やりたいかやりたくないかという前に、生きていくために稼ぐという働きだ。ライフワークの比重が高まるということは、「自由を手に入れた」という見方もできるのだ。

第４段階まで駆け上ることは簡単なことではないけれど、起業はそれだけのやりがいがあるものである。僕としては、これから起業する方々には「報酬＝金銭」というより

は、自分が世の中に新しい価値を生み出し、さらに経済的に自由になって挑戦ができるという点に目を向けてほしいと思っている。

自由を得て新たな価値を提案する起業家が増えていけば、社会は絶対により良いものとなっていく。だから僕は、「起業したい」という志を追っている人の背中を、精一杯押していきたいと考えている。

ポイント

一番の報酬は経験。金銭の報酬は、経験に付随する。

9つのポイント 9 成功と失敗の定義

「起業に大事な9つのポイント」の最後は、**成功と失敗の定義**についてお伝えする。

その前に、少しだけ復習をしよう。ここまでに、お伝えしたことは左記の8つのポイントだった。

①起業は意志が10割
②顧客から考える
③イシ・コト・ヒト・カネ
④コト＝勝ち筋の確立
⑤ヒト＝仲間と場所の力学
⑥カネ＝もっとも大事
⑦一筆書きの高速回転
⑧報酬の４つのステップ

どれも僕自身が連続起業する中で、意識して臨み、そして振り返ってきた大事なポイントだ。それぞれの段階で経験した起業を、「果たして、この起業は成功だったのか、失敗だったのか？」と、振り返ることがある。

わかりやすい基準のひとつは、「黒字化できたか、できなかったか」である。「上場できたか、売却できたか」という基準もあるかもしれない。どちらも「経済的な評価指標」で、白黒がハッキリつくので、見解の相違や評価のブレが生まれにくい。使い勝手がいい基準だといえる。

しかし、僕は何度も何度も起業を重ねるたびに、もっと別のところに成功と失敗のちがいがあると考えるようになっていった。

それは、

「成功とは、着手しきれた時、失敗でも十分にやった時」
「失敗とは、着手しなかった時、実行を見送り続けた時」

である。

つまり、事業の成功と失敗は、起業した自分自身が「どう考え、どうあったか」という部分に収斂《しゅうれん》されていく。だからこそ、起業はまず「意志が10割」なのである。僕は、30年専ら起業し続けてきた結果、普遍的な価値である起業家としての心根に辿り着いたと考えている。

＼ポイント／

成功＝着手しきれた時、失敗でも十分にやった時
失敗＝着手しなかった時、実行を見送り続けた時

＊　＊　＊

著者からのメッセージ

「自分のアタマで考え、自分のカラダを動かせ」

第1章の終わりに伝えたいことは、「9つのポイントの中身」を丸暗記することではない。

「9つのポイント」は、僕の30年間の起業家人生から抽出し、普遍性を持たせたものである。すべてが大切だからこそ伝えたのだが、それだけを武器に起業の実戦に挑めるほど甘くはない。9つのポイントの効用は思考のヒントや行動のキッカケでしかない。

だから、
あなた自身のアタマできちんと考えること
あなた自身のカラダをきちんと動かすこと

を続けてほしい。

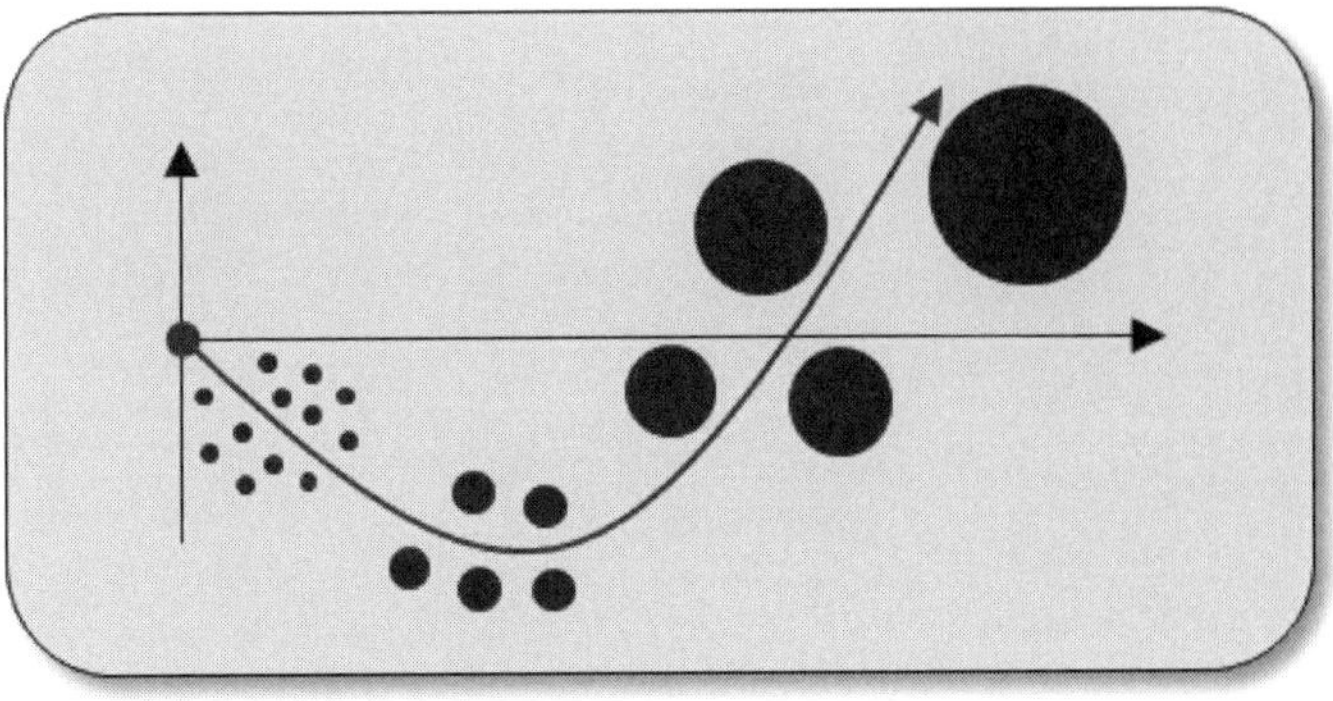

上の図を見ていただきたい。縦軸は事業の採算で、横軸は時間だ。大小の黒丸はそれぞれの事業を表していて、大きさはその事業の価値だと思ってほしい。

つまり、あなたが生み出した事業は、投資を重ねながら熾烈な生存競争をくぐり抜け、いつの日かようやく価値のある事業とすることができるということである。無数の事業の黒丸が生まれ、立派に大きくなるものは1つ。これが起業の現実である。

厳しいからこそ、「きちんと自分のアタマで考え」、「きちんと自分のカラダを動かす」ことが欠かせない。考えること動かすことに怠惰では、せっかく考えたことも動かしたことも無駄になる。一生懸命考え、一生懸命動かせば、考えた分、動かした分が、すべて蓄積される。

そうする人に、未来は拓かれるものである。

第2章

起業の必修3教科 新道徳・新国語・新算数

■起業で重要な「道徳」「国語」「算数」

起業で大切な教科は、道徳、国語、算数であると僕は考えている。そして、その大切さの大きさ、順番も、**道徳∨国語∨算数**、だと思っている。

と、これだけ伝えても、「一体、何のことだろう？」とキョトンとされそうだ。もちろん、小学校の頃に習った内容とは、少々違う。僕の定義は、以下の通りだ。

道徳は、心根の話。人としてのそもそも論
国語は、意思疎通。仲間としてのそもそも論
算数は、数字感覚。思考と行動と数字の一気通貫

詳しく説明しよう。

道徳は、**あなたの意志や信念、ミッション**などを指す。事業に込めた想いであり、この事業で社会の課題をどう解決したいと思っているのか。**他人事ではなく、自分事にして、あなた自身が強く成し遂げたい**と思っていることが大事だ。その肚落ち、ブレない心が必須である。それがなければ、起業は始まらない。

起業において、テクニックから入りスマートに儲けようと考えていたり、その場の損得だけで自分が戦うマーケットを選ぼうとしたりする人がいる。その時点で「負け」がほとんど確定している。「今どの領域がキテますか?」といった質問をもらうことがあるが、そういう方々に僕が返すのは、「あなたはそもそも何がしたいのですか?」ということだ。

起業は予想できないことやうまくいかないことの連続だ。それなのに「これだ!」という信念も持てていない領域に突っ込んでいっても、絶対にうまくはいかない。「あれもよさそう」「これも儲かりそう」とフラフラした気持ちでいるようでは、苦境を突破できず、人もついてこない。つまり、自分が何を主戦場にするのか、**「これを貫き通す」という経営者としての道徳がなければ起業で成功することは難しい**のだ。

また、大企業の新規事業におけるよくある景色として、上司や上司の上司の顔色をうかがい忖度し、顧客以外の人の意見まで取り入れた経営会議突破のための作文を書く人がいるが、それもまた、「負け」が確定している。

当たり前だが、**顧客は会社の外にいる**。著しく「社内化」されたエトセトラは、顧客との時間を削る不要な時間だと捉えることが重要だ。新規事業に挑戦するあなたは、挑戦者として何が何でも成し遂げたいという強い意志、使命感、熱量を持ってそれらを果敢に乗り越えて顧客に向き合うことが、事業責任者としての道徳だ。

次に、国語だ。国語は、**自分の意志を伝えるコミュニケーション能力や事業の詳細を説明する言語力**のことである。自分の頭の中を他者にアウトプットする力だともいえる。なぜこの力が必要なのか。それは、自分だけでできることは多くないからだ。自らの志を仲間たちや取引先に伝えて、賛同を得ることで、事業を拡大していくことができる。消費者にも同様だ。メッセージをきちんと伝えられなければ、自社の商品・サービスを選んでもらうことはできない。

当然だが、思っているだけでは他者には伝わらない。自分が何を目指し、どんな課題を解決したいのか、それをきちんと語れたり発信できたりする国語力が欠かせない。しかも、浸透するまで何度も何度も伝える根気を持ってである。

組織の問題は、スタートアップであっても大企業であっても、いつの時代もどの会社も、付き物のようになくなることのないノックアウトポイントだ。**国語を疎《おろそ》かにして、組織が健やかであるはずがない**。

そして、最後に算数。これは、**起業家が持っているべき数字感覚**のことだ。代表的に大事な数字は、「おカネ」という数字だ。当たり前だが、事業である限り、儲かるように仕組み化しなければ続かない。

企業に雇われている側の時には気づきにくいが、私たちは会社に存在しているだけでカネを食っている。もっともわかりやすいのは給料やオフィスの家賃だろう。他にも、電気をつければ電気代がかかり、トイレに入れば水道代などがかかる。自分で事業を始めてみると、おカネの問題は避けて通れないことだと思い知る。おカネという数字に対する感度が鈍いと、「儲かる」と思っていた事業が最終的には赤字になったり、「これはトントンかな」と思っていたものが大赤字になったりする。

時間という数字も、とっても大事だ。スピードという言葉に置き換えてもいいかもしれない。**成果も成長も儲けもない非生産的な時間の過ごし方に強烈なストレスを感じる**ことは、当たり前で健全な感覚だ。その感覚を大事にしてほしい。

ビフォー・コロナであれば隙間時間や細切れの時間、ウィズ・コロナであれば「ながら時間」をどうやって活かすかを考える。また、自分ですべきことなのか、人にお願いしたほうがよいことなのかを見極めるべきだ。自分の時間価値を最大化する感覚が身についていないと、あらゆるものが遅くなってしまう。スピードは価値である。時間という数字に対する感度が鈍いことは、事業をおこなううえで致命的になることを覚えておいてほしい。

何を思って行動し（道徳）、**どう表明し**（国語）、**それがどのような数字**（算数）**になって現れてくるかという一連の流れ**は、起業をするうえで欠かせない。しかし、残念ながら、僕が見る限り、思考と行動と数字が一致している起業家は多くない。そして僕自身も簡単にはいかず苦心している点でもある。だからこそ、僕は、そのような起業家やこれから事業をスタートさせたいと考えている方に、起業における道徳、国語、算数の重要性を伝えていきたい。

ポイント

新規事業は、道徳、国語、算数が一気通貫してこそ成功する。

■大企業の「道徳」「国語」「算数」

ビジネスにおける道徳、国語、算数は、その人が置かれた環境で大きく異なるものが形成されている。ここでは、大企業での3教科の特徴を見ていこう。

大企業における道徳は、**「会社のプロ」**となることだ。社内で出世することが目標として据えられており、実際にそのために頑張れる人が大企業では敬われる。出世することが正義であり、そのための考え方が大企業の道徳となっている。

このような道徳が会社組織のすみずみまで行き渡っているために、「社内で権力を持っている人こそがルール」という状況が生み出されることがある。これには、良い点もあれば悪い点もある。良い点はまとまりがあることだ。一糸乱れず、という統率がとれている組織は強靭だ。一方、社会とはズレた道徳がまかり通ってしまうこともある。最悪な症状としては隠蔽や不正の類いである。どんなに大きく、仕組み化された大企業であっても、組織の最小単位は人であり、その点において個々人の道徳が大事であることは、疑いの余地がない。

続いて、大企業における国語の特徴は、**「同質の中でおこなわれるコミュニケーション」**ということだ。これにも、良い点と悪い点がある。良い点は、阿吽《あうん》の呼吸でいろいろな物事がスムーズに進んでいくことだ。マニュアル化のできない製品をたくさん作るなど、我が国のお家芸だったりもする。

しかしながら、このような国語が当たり前のものだと思い込んでいると、落とし穴にハマる。たとえば、自動車業界は、これまでは業界の中で同質性の高いコミュニケーションをしていればよかった。自社もライバル会社も関連会社もみんな自動車関連。良くも悪くもその業界の外に出ることがなかったからだ。しかし今後は、そうもいっていられない。これからは、ウーバーやアマゾン、グーグルなどが業界の新たなプレイヤーになるかもしれない。自動車業界以外の企業と取引をする場合には、これまで続けてきた阿吽の呼吸では通用しない。

最後に、大企業における算数。特徴は、**「権限と数字の一致」**だ。どういうことか、説明しよう。

大企業の組織を維持するには、ヒエラルキーやルールが必要だ。統制がなければ、組織構造はぐちゃぐちゃになってしまう。統制があるから、大企業は大企業として、その絶大なるパワーを維持し続けているのである。

その大前提があったうえで、大企業の算数に目を向けてみる。大企業のマーケティング部長といえば、社内では注目されていたり尊敬されていたりする存在だと思う。しかし、その人が管理する費用は「マーケティング費」だけだ。売り上げがあって、原価や人件費などの経費があるという会社全体のお金の動きまでは、対象の範囲外だ。世の中には、キャッシュフロー計算書（CF）、バランスシート（BS）など、いくつもの財務諸表があるにもかかわらず、損益計算書（PL）のマーケティング費しか見えていないのだ。もしこれが経営をする立場であれば致命的に視野が狭いといわざるをえない。

書きぶりが多少ネガティブに振れてしまったが、優秀な人材が狭い範囲の数字に責任を持って血眼になって臨んでいる状況は、強靭そのものであり、だからこそ大企業が大企業たり得ているともいえるのだ。

良い部分も悪い部分も含めて、こうした特性を持つのが大企業の道徳、国語、算数だ。大企業の中での新規事業開発は、こうした独特の道徳、国語、算数に後押しされたり、また阻まれたりすることになる。

＼ポイント／

大企業の特徴は、道徳は「会社のプロ」、国語は「同質内のコミュニケーション」、算数は「権限と数字の一致」。

■スタートアップの「道徳」「国語」「算数」

大企業だけでなく、スタートアップならではの道徳、国語、算数もある。

スタートアップの道徳は**「会社と一心同体」**ということだ。創業者はもちろん、創業者以外の参画者も、みんないい意味で会社に対するオーナーシップを持っている。創業メンバーに近ければ近いほど、会社のプロというより、自分と会社が限りなくイコールで結ばれる状態にある。つねに「自社の成長が一番」で、そういった意味で「会社と一心同体」なのである。

そのため、国語においても「うちの会社は」という主語が圧倒的に多くなる。**「いかに自社が素晴らしいか」「可能性を秘めているか」を、熱く大きく語るコミュニケーション**がその中心だ。少しくらい勇ましいくらいがちょうどよく、「未来しかないというコミュニケーション」で満たされている。

数字感覚である算数も、スタートアップは「未来」に引っ張られる。**「未来しかないというコミュニケーション」を、確からしい数字で表現し直す**というわけだ。また、大企業と違って「資金調達」という会社の生き死にに直結する大きなイベントがある。だからこそ、なおのこと、確かな数字づくりが大事となる。第1章で伝えた、**「勝ち筋」の勝ちぶりに応じて資金調達できる金額が変わる**からだ。

会社と一心同体、その現状にすべてを賭けて、我が事業が切り拓く未来を信じてひたすら頑張り、より確からしい勝ち筋を築き上げることで、より大きな調達をおこない、さらなる成長に邁進する。そういった意味で、スタートアップは、まさに「思考と行動と数字の一気通貫」となっているのだ。調子のいい限りは。

ただし、すべてのスタートアップが順風満帆とはいかない。調子のいいスタートアップにも、苦しい時期がある。その時ばかりは「一気通貫」が裏目に出て、急激な逆回りを始める。資金が集まらないから打ち手がなく、打ち手がないから勝ち筋を見出せず、未来しかないはずのコミュニケーションの未来が崩れる。会社と一心同体であるがゆえに、会社の乱れは、そのまま本人の乱れとなって現れる。

良い部分も悪い部分も含めて、こうした特徴を持つのが、スタートアップの道徳、国語、算数だ。スタートアップによる起業は、こうした独特の道徳、国語、算数に後押しされたり、また阻まれたりすることになる。

ポイント

スタートアップの特徴は、道徳は「会社と一心同体」、国語は「未来しかないというコミュニケーション」、算数は「勝ち筋の勝ちぶりに応じた成長」。

■コロナ禍による5年のジャンプ

新型コロナウイルス感染症の蔓延は、3教科にそれぞれどんな影響を与えたのだろうか。端的にいうと、道徳も国語も算数もすべて転換を求められた。売り上げが吹き飛び、出社ができず、人と会うということさえもはばかられる日々では、これまでの常識は通用しなくなった。

しかし、必ずしもマイナス面だけではなかったのではないかと僕は思う。少し唐突かもしれないが、10年後の未来にジャンプして、コロナ禍を振り返ってみてほしい。**未来から振り返ると、「困難な時期ではあったが、進化のタイミングでもあった」**という見立てができるのではないかと思う。

特に**「デジタル化に対するマインドの変化」と「既得秩序に対するマインドの変化」**の2つは、5年くらい時計の針を進めたほどの大きな進化であった。

1つ目の「デジタル化に対するマインドの変化」は、実体経済のオンライン化進化率を超えて、我が国のデジタル化を急速に前進させた。見方を変えると、「デジタル化を阻んできた抵抗勢力の没落」である。

2つ目の「既得秩序に対するマインドの変化」は、令和の時代になっても、明らかに昭和の感覚を引きずっていた領域に風穴を開けたということである。それは、医療や教育、行政などの業界や団体、社会システムや、変化を拒んできたレガシーな保守層を揺るがした。閉じた天井にいくぶんでも穴を開けられたのであれば、今後の健全な社会進化の加速に期待してもよいのではないだろうか。

そして、それらの期待を込めて、コロナとは何であったのか、という問いに対して僕は考えたい。コロナの1年が、**これまでの5年分に相当する「5年のジャンプ」**であったと、**「マインドの変化」**を我が国にもたらしたのだ。

強制的に進化した社会では、道徳と国語と算数のアップデートも必要だ。そこで、新道徳、新国語、新算数という新たに求められるようになった新教科の特徴について伝えていこう。

ウィズ・コロナ時代となり、既存の道徳から新道徳への最大の変化点は、**「会社のプロ」から「仕事のプロ」への進化**だ。

法人が支配する時代から、個人の活動が活性化する時代に一気に進んだ。良くも悪くも、「ひとつ屋根の下」という会社生活が音を立てて崩れ、自分自身を見直す大きな契機になったからだ。

もちろん、本当はそんなことは、法人も個人もずっと前からわかっていた。誰もがうすうす感じていたが、それが現実のものとなったということに過ぎない。突如として変化が起きたというよりは、「マインドの変化が5年分加速した」ということなのである。

「仕事のプロ」になると何が得られるかというと、純粋な仕事としての充実感だ。会社にいると、ともすれば課長よりも部長のほうが偉いというヒエラルキーが、そのまま「仕事の充実感」となってしまう。しかし、「仕事のプロ」の場合はそうではない。**「社会に対して自分が何をなし得たか」が充実感**となる。

では、もし、進化圧が起きているにもかかわらず、「仕事のプロ」の道へ進まなかったらどうなるか。多くの場合、行き詰まり感を覚えることになるのではないか。安定していても、社会の変化の波には乗れず、いつまでも仕事の充実感は得られぬまま。「このままではいけないのではないか……」という焦燥感に駆られる可能性が高い。

続いて、新国語への進化をお伝えしよう。

日本の企業の国語は、これまで「ローカルコミュニケーション」が前提だった。社員が一ヵ所に集まり、話し合う。定まりきった礼儀を重んじ、行間を読むことが当たり前だった。それができないと、「あいつは変わり者だよね」といわれ、いわゆる村八分にされた。

ウィズ・コロナの時代となり、5年分の時間のジャンプが起きた今、実際に一ヵ所に集まるのではない**「リモートコミュニケーション」**が主流となった。リモートコミュニケーションにおいては、「行間を読んで振る舞え」は通用しなくなった。さらに人材育成においても、「オレの背中を見ろ」で成長させることは難しい。自ら主張し、言語化していかなければ相手に通じない。オンラインでのつながりになると、主張をしなければどんどん埋没していく。対面であれば、「いることに意味がある」というシーンもあったが、オンラインの場合はそうはいかない。

当然、この進化への対応力は、差が激しい。単純で表面的なデジタルを使えるかどうかという問題ではなく、もっと深い部分の差分である。言葉で表すと、「リモートコミュニケーション下におけるリモートトラスト」が築けるかどうかだ。**直接会うことのない相手に信じてもらえるか、あるいは信じることができるか**。リモートトラストを築いてコミュニケーションできるか否かは事業を左右する大きな問題となる。

最後に、新算数では何が変わるのか。

これまでの算数は、規模が正義で、所有者が強かった。しかし、ウィズ・コロナの時代では、「大きい者が強く、小さい者が弱い」という従来の構図のほころびが大きくなった。社会の先行きが不透明となった今は、変化に対応する機敏さがある者が勝ち抜ける。持っていなくても、**あらゆる領域にまで広がったシェアリングを活用すれば、仮想現実的にすべてを所有**することができる。**「持つ者」が強いのではなく、「動く者」が勝ち抜ける**世の中なのである。

もちろん、これもまた、ウィズ・コロナによって突如として起きた変化ではなく、これまでも確実にその方向に進んでいた。それがこのコロナによって一気に加速したということである。これからは、いままでの算数から新算数に移行することができなければ、突然死を迎えるリスクが高まる。強者だと思っていたのに、ある時、突然転落する。それほどまでに先の見えない時代になったからこそ、動く力が、いままさに求められているのである。

ポイント

新道徳は「仕事のプロ」、新国語は「リモートコミュニケーション」、新算数は「動く力」。

■【新道徳1】自分だけの信念を持つ

ここからは、新3教科について掘り下げて見ていきたい。「新道徳」とはどのようなものだろうか。

「新道徳」では、**「個人」としての信念、善良さや情熱**が、より大事となった。

ビフォー・コロナの大企業の道徳とスタートアップの道徳は、どちらも「法人」の要素が強かった。それが、5年分のジャンプをもって、「個人」の要素が一気に強くなったのだ。

信念も、善良さも、情熱も、人によって異なるものだ。「この人の信念には共感できる」ということがある一方で、「熱く語っているけれど、そんなに大事なことかな？」と響かないこともある。

共感できることが正しくて、ピンとこないことが間違っているわけではない。人それぞれ異なるその価値観を押し付けることはできないし、そもそも他者の信念を変えることは難しい。そして、わざわざ合わせる必要もない。

僕はそれでいいと思っている。みんなに合わせていては、自分自身の信念を研ぎ澄ますことはできない。「個」がよりフォーカスされてきた世の中では、合わない仲間に合わせようとして自らに蓋をするという必要性が格段に減っていく。

この自分オリジナルの信念や善良さ、情熱を持てているかどうかが「新道徳」である。

誰かが「右」といえば「右」を向くようなふわふわした状態では、「新道徳」を身につけているとはいえない。これまで、法人の道徳に合わせることを続けてきた人は、個人としての道徳を掲げない（あるいは持ち合わせない）ことが、身についてしまっている。だから急に個人としての道徳を掲げろといわれても、掲げようがないかもしれない。それは、わからないでもない。

だが、時代はあなたを待つことなく、進んでしまった。「自分はこれをするんだ！」という信念の旗を掲げ、それに強く共感するメンバーが集まってくるようになることが重要なのだ。

＼ポイント／

その人だけが持っている信念の旗を掲げる。

■【新道徳2】「会社のプロ」から「仕事のプロ」へ

法人に代わって個人の力が台頭するということは、つまり、「会社のプロ」から「仕事のプロ」へと時代が進化したということである。

「仕事のプロ」とは、**一つの仕事を極めて、何社からも依頼を受ける存在**だ。たとえば、弁護士は、これまでもそのような働き方をしていた。法律の専門家として弁護することが仕事だから、A社の契約実務もすれば、B社の紛争解決もし、C社の相談にも乗る。一つの仕事で何社もの業務をこなす。これが、「仕事のプロ」である。

僕は士業だけでなく、多くの人が「仕事のプロ」となる時代が到来したと考えている。ちなみに、僕は**「起業のプロ」**として、まさにこのような働き方をしている。これは、1枚の名刺でたくさんの仕事をする時代から、1つの仕事でたくさんの名刺を持つ時代への移行ともいえる。

なぜ「会社のプロ」から「仕事のプロ」となるべきなのか。ビフォー・コロナからの背景も加えて説明しよう。

それは、一つの会社が一人の一生を背負えなくなったからである。

企業の寿命のサイクルは、どんどん早まり、現在は約25年といわれている。一方で、日本人の平均寿命は現在84歳ほどで、どんどん延び続けている。つまり、終身雇用の算式は成り立たない。こうした状況になったからこそ、以前より企業は副業を解禁し、社員がべったりと一社に依存するような関係性から脱しようとしているのである。

こうした流れに加えて、今回の新型コロナウイルス感染症の影響でリモートワークが一気に加速し、副業をさらに後押しすることになった。A社のリモートワークの合間に、B社のリモートワークをおこなうという仕事のやりくりが生まれ始めた。**「副業」ではなく「複数の業」**をこなすことが「ふつう」になるのだ。

「〇〇のプロになるぞ！」と決意して歩み出さなくとも、もしかしたら、あなたはすでに何かのプロかもしれない。というのも、僕自身気づけば「起業のプロ」になっていたからだ。

じつのところ僕は、起業のプロになろうと思ってなったわけではない。大学を卒業し、たまたまミスミに入社した時に、ミスミの創業社長であった田口弘さんからこう声をかけられたのが僕の人生を決定づけた。

「我が国には、経理のプロや法務のプロはいる。弁護士が、弁護がうまいのは、弁護ばかりやっているからだ。翻って我が国を見渡すと、『起業のプロ』がいない。新規事業を担当して、その事業がうまくいったらその人はその事業の責任者として出ていってしまい、その事業がうまくいかなかったらその人は二度とアサインされない。だから、我が国の新規事業の現場には、新規事業の素人しかいないんだ。だから、死屍累々となる。きみは延々と新規事業をやり、新規事業のプロになりなさい」

それからミスミの新市場開発室で10年、ミスミを辞めて田口さんと創業したエムアウトという起業専業企業で10年、2社の20年にわたり、田口さんの下で新規事業を生み出し続けた。

セミナーでこの話をすると、「守屋さんは自分の意志で『起業のプロ』になったわけではないんですか」と訊かれたりする。そう、その通りだ。むしろ、失敗が続いた時など、辞めてしまいたくなったこともあった。ただ、どんなにボコボコにされても、新規事業というリングを降りなかった。その点では、いくぶんなりとも、僕にも意志があったのかもしれない。

キッカケはひょんなことであっても、**ずっと継続できれば「プロ」になれる**。あなたも、「自分は何のプロだろう？」と自問してみてほしい。どうしても自分でわからなければ、あなたのことを知っている信頼できる人に、聞いてみたらいい。「私は何のプロだと思う?」と。すでに何かのプロとしての力を秘めている人は少なくないはずだ。

「仕事のプロ」が力を増していく社会になるが、実際は「会社のプロ」で居続ける人は、相当数残るだろう。一挙に人々を取り巻く価値観を変えることはできないからだ。とはいえ、これからの社会においては「仕事のプロ」でいることよりも「会社のプロ」で居続けるほうが難しくなるかもしれない。理由は簡単で、勤めている会社から落ちこぼれた瞬間に「会社のプロ」でいられなくなるからだ。

「仕事のプロ」であれば、一回失敗しても次なるチャンスがまた回ってくる。一つの仕事で、いくつもの会社の仕事をこなしているからだ。しかしながら、「会社のプロ」の場合はそうはいかない。一回レールから外れれば、再度出世レースに乗ることは難しく、さらに他の会社へ転職しようにも他に優秀な若者がいればそちらに勝つのは難しい。

終身雇用というのは、戦後の奇跡的な高度経済成長にたまたまマッチしていた形態にすぎない。厳しい言い方かもしれないが、その一時期の間に生まれた「会社のプロ」にしがみつくことは、かえって茨《いばら》の道を歩むこととなる。

「仕事のプロ」になることで、**一人ひとりのビジネスパーソンがより自己実現に向かっていく**ことになるだろう。「部長より執行役員のほうが上だ」といった大企業の価値観ではなく、また「上場したらカッコイイ」といったスタートアップのような価値観でもなく、自分のしたいことをまっとうできるのが「仕事のプロ」の生き方だからだ。「仕事のプロ」になることで、多くの人が自分の人生を楽しめるようになると僕は考えている。

ポイント

「会社のプロ」から「仕事のプロ」となる。

■【新国語1】リモートコミュニケーションへの移行

「新国語」について解説する。ビフォー・コロナからウィズ・コロナへの移行によって、「国語」のあり方は大きく変わった。「5年のジャンプ」で、もっともわかりやすく進化圧にさらされたのは、この国語の領域だったかもしれない。

何か話し合うべき案件がある時に、「ひとまず会って話しましょう」ということが成立しにくくなり、オンラインツールを活用したリモートコミュニケーションが一般化した。これは、**対面2・0とでも呼ぶべき大きな進化圧**となった。リモートコミュニケーションに対して、対面でのコミュニケーションを何と呼ぶべきか迷いがあるが、ここでは「ローカルコミュニケーション」と称することとする。

ローカルコミュニケーションで重要視されたのは、丁寧さや礼儀だった。話す内容よりも、「きちんとしていて信頼できそうな人だな」という印象を与えることこそが重要だったのだ。

一方のリモートコミュニケーションにおいては、丁寧さや礼儀の重要度は格段に下がった。初対面の人とのオンラインの打ち合わせで、名刺の渡し方に気を配った人はいないだろう。そもそも名刺交換自体がなくなった。勧められるまでお茶に手をつけない、なんて発想もない。各々自分が手元にある飲み物を勝手に飲むだけだ。

菓子折りを持っていくとか、説明資料を人数分出力して持参するとか、クリーニングしたばかりのスーツを着ていくとか、そういった「礼儀」の粗方がなくなった。対面において重視されてきたビジネスマナーの要素が一掃されたのだ。

では、ローカルコミュニケーションからリモートコミュニケーションに移行すると、丁寧さや礼儀に代わって、何が重要となるのだろう。

それは、**「簡潔能動」**である。

まず、「簡潔」とはどういうことか。

リモートになると、行間を読んだ対話や相手の気持ちを察したうえでの提案などは、ほぼ不可能になる。すでに関係性がある人の場合には、「この人だったらこういうことが好みだろう」と思い巡らせて先回りすることができるかもしれないが、初対面でのリモートコミュニケーションで相手の腹を探ることは至難の業《わざ》だ。

そのため、話しながら空気を読みながら着地点をすり合わせていくよりも、そもそも**相手にはわかりやすく、シンプルに、こちらの思いを伝える準備をしておくことが善**なのである。リモートにおいて前置きを長々とすれば、「で、この人は何をいいたいんだろう？」と重要な部分が伝わらない危険性がある。丁寧さは最小限にして、簡潔に主題に入っていくことが求められる。

もう一つの「能動」とはどういうことか。

これまで、外国人は自身の主張を明確にし、日本人は自分の心のうちを明かさないなどといわれてきた。「察する」ことに重きが置かれてきたために、その裏返しとして、自身の主張を明確にすることを得意としなくてよかったのである。

しかしながら、リモートコミュニケーションとなった今では、日本人同士のコミュニケーションにおいても、**主体的に発言をしなければ相手に意図が通じない**ようになった。なぜなら、現代の通信技術では、リモートコミュニケーションは、ローカルコミュニケーションに比べて、圧倒的に情報量が少なくて、遅いからである。

対面とパソコンやタブレットなどの小さな画面越しとでは比べるまでもないが、情報量が激減する。会議の参加人数が増えれば、一人当たりの映像はさらに小さくなり表情も読み取れなくなる。一つの会議室に一つのカメラ（パソコン）で会議に臨む会社もあれば、初期設定でビデオ参加者全員の画面をオフにしている会社さえある。もはや、実態として参加しているのかいないのかもわからない。

その状況下で、さらに会話に時差が生じる。時間にすればわずかな時差であっても、クリエイティビティーを阻害するには十分な「遅さ」である。こうした不足を補うリモートコミュニケーションが確実に必要となる。

「簡潔能動」のコミュニケーションを取るために重要なポイントは2つある。

1つ目は、**結論を先にいい、根拠を後付けする話し方**を徹底すること。

2つ目は、**「我が社」や「私」の話ばかりをしない**こと。不思議なもので、話し手が主語の話は、対面で聞くよりもリモートで聞くほうがずっと長く感じるものだ。優先すべきは、「あなたのメリットはこれです」と「だからこうしたいんです」という相手に利益を設計したうえでの主張だ。

これは新型コロナウイルス感染症以前からの話だが、相手に対する提案書のはずが、「相手に考えさせる提案書」になってしまっていることが本当に多い。タイトルだけは「提案書」だが、書いてあることは「自社の強み」だけなのだ。つまり、「この強みを活かせる方法をあなたが考えて私に教えて」というコミュニケーションになってしまっているのだ。このコミュニケーションでは、これからは、まったくもって通用しない。このことは、くれぐれも肝に銘じておいてほしい。

リモートコミュニケーションでは、ボソッとつぶやいたことを誰かが「それいいね！」と気を利かせて拾ってくれることはない。そんなつぶやきを拾うほどパソコンやタブレットのマイクの性能は良くないし、他の人が話している時にミュートにしていれば自分の声は届かない。

「移動しなくて楽になったな」という感覚だけで、ローカルコミュニケーションと同じようにリモートコミュニケーションをおこなえば必ず穴に落ちる。新国語のコミュニケーションへ舵を切ること。これは本当に肝に銘じておいてほしい。

＼ポイント／

リモートコミュニケーションは、簡潔能動であることが大事。

■【新国語2】リモートトラストを築けるか

リモートコミュニケーションの先にあるものは、リモートトラストだ。リモートがコミュニケーションの主軸となった社会では、**リモートだけでも信頼を築くことができる**

力が必須となる。そうして築き上げた信頼が、リモートトラストである。

今後、リモートコミュニケーションに長けている人と長けていない人とでは、いわゆる日本の歳出と税収の差で揶揄されるワニの口のごとく、差分が広がることは間違いない。リモートコミュニケーションの先に積み上がるリモートトラストにおいては、致命的な差分を固定化させてしまうことになる。

リモートコミュニケーションとなり、打ち合わせの時間の使い方自体に変化が生まれた。どういうことか説明しよう。

「オンラインで1時間、打ち合わせをさせてください」と時間を確保したものの、打ち合わせが早めに終わってしまったという経験はないだろうか。もしこれが対面の打ち合わせであれば、出されたお茶でもすすりながら、「最近の事業はどうですか」「じつは今回の件とは関係ないんですがこんなことがありまして」とちょっとした脱線話をしたのではないだろうか。それは「わざわざ足を運んでもらったのだから」という気遣いかもしれないし、「せっかくここまで来たんだから」というなんとなくの損得勘定かもしれない。

しかし、オンラインの場合には「1時間、打ち合わせの時間をください」と頼み、早めに終われば「では、また質問があればメッセージしますね」といい、接続を切ってしまうのではないだろうか。実際、何か不足があれば、その後メールでもメッセンジャーでも改めてのズームでも、いくらでも連絡の取りようがある。その日のうちに、「再度10分だけ打ち合わせしよう」ということもザラだ。

つまりは、時間の単位が、「1時間、2時間」の単位から「1分、2分」に変わったということである。もはや、一日は8時間労働ではなく、**480分労働**となったと見るほうが正しいだろう。

この変化は、何を意味するのか。これは、いい意味でも悪い意味でも打ち合わせ時間の中での「余白」がなくなったということを示している。余白がなくなったから、無駄な時間がなくなり、一日に10本くらいの打ち合わせを詰めることが可能になった。時空を跨《また》ぎ、圧倒的な効率を手に入れることができるようになったのだ。

一方で、対面時にあった、余白の中からポロリとアイデアが生まれたり意外な趣味で意気投合したりする良さはなくなった。リモートコミュニケーションは、**目的的なことに適したスタイル**であり、**偶発的なことに弱いスタイル**であるといえる。

この特徴を活かすためには、**打ち合わせ前におこなう予習が大事**だ。打ち合わせのゴールは何なのかを踏まえたうえで、自分の主張と根拠を明確化して臨み、ぎゅっと濃縮した打ち合わせを心がける。

オンラインのミーティングでは、ゆるゆるとした時間の中で、なんとなくこちらの言わんとするところを察してもらうことはできない。事前に、入手できる最大限の資料を集めておいたり、自分が話したい資料を事前に先方に送っておいたりといった予習がこれまで以上に必要となる。

復習も同様だ。その打ち合わせで**何か足りないことがあったら、サクッと質問を送っておく**。この予習、本番、復習のコミュニケーションを、オンラインらしく軽やかなコミュニケーションとしてできるかできないか、そして、その積み重ねの先にあるリモートトラストをどこまで大きくできるかが、ウィズ・コロナ時代を生き抜く肝になる。

5年のジャンプを自然体で受け入れることができるか、強制的なジャンプについていけず、大事な変化を受け入れられないか、この先、大きな違いを生むことは間違いない。

ポイント

リモートコミュニケーションに長けることで、ビジネスに不可欠なリモートトラストを手に入れる。

■【新算数1】「持つ者の有利」から「動く者の有利」へ

ビフォー・コロナでは、規模があるほうが圧倒的に有利だった。立派なオフィスビル、たくさんの社員、多くの資産こそ価値。非常にわかりやすい構造だった。大企業だけでなくスタートアップの世界においても、この規模重視の価値観は存在した。立派なオフィスに引っ越すのは、会社の成功のわかりやすいカタチであり、採用にも影響し、何より自分たちもステージが上がったような感覚を得て嬉しかった。

しかし、この構造にも変化が見られ始めた。単純にコロナ禍で「オフィスが不要になった」という現象的な話もあるが、それ以上に大事な変化は、**「持つ者の有利」から「動く者の有利」**への変化が加速したことである。

持つ者とは前段の通り、社員や資産などの規模の競争の勝利者である。そして、「動く者」とは変化に対応する機敏さがある者のことである。たとえ多くのものは持っていなくても、急速に拡大しているシェアリングを活用すれば、所有していることと変わらない事業ができる。

このような変化を遂げた背景には、確かに新型コロナウイルス感染症の影響がある。しかし、コロナ禍になり、一気に価値観が逆転したかといえばそうではない。ビフォー・コロナの時代から、「持つ者の有利」から「動く者の有利」はジリジリと起きてきていたが、2020年に一挙に加速したのだ。

たとえば、起業しようと思えば会社設立のためのワンストップサービスがあった。仲間とのやり取りには、コミュニケーションツールがあり、オンラインのミーティングツールも、商談ツールも、HPの作成ツールも、ECのクラウドサービスも、ビフォー・コロナ時代から存在していた。大規模なオフィスではなくコワーキングスペースはあったし、資金面では株式投資型クラウドファンディングがあった。

つまり、すでにサービスは揃っていた。

しかし、揃ってはいたが、活用していた人は、日本においてはごく一部。スタートアップ界隈の人たちの中では、「使わない理由がわからないよね」といわれていたものが、その外に出れば、「いったい、それ何?」という状態だったのだ。

その点に、大きな変化があった。

つまり、新型コロナウイルス感染症によって全世界全世代が同時に進化圧を浴びたことで、一部の先進的な人以外もデジタルツールを受け入れ始めたということである。その象徴が、オンラインミーティングだ。オンラインでミーティングするという技術は、ビフォー・コロナの時代からあったが、「オンラインでは打ち合わせにならない」「初対面からオンラインなどけしからん」「とにかく顔を出すことが大事だ」などの慣習から浸透が阻まれていた。それが今では、むしろオンラインがデフォルトとなっている。

このような「動く者の有利」が顕在化した世の中では、**「動かないリスク」と「動くリスク」の危険度に逆転現象**が起きた。

これまでは、失敗を避けるという生き方も十分に成立した。動かないことで成功できなくても、失敗さえしなければ逃げ切れたのである。むしろ、動いて失敗するほうが傷が深いため、手堅く計算して、どうしても動くことにブレーキをかけざるを得ないという状況があった。だから、どちらのリスクを取るかでいえば、「動かないリスク」を取るほうが合理的だった。

しかしながらこれからは、先行きの不透明さが増したことで、動かないでいることこそがリスクとなってしまった。さらに、起業のコストが下がり、高速に物事を進める環境も整ったことで、**失敗のコストが下がった**という側面もある。そして、依然として成功して得られるリターンは大きい。だから、どちらのリスクを取るかでいえば、「動くリスク」を取るほうが合理的だといえるようになったのである。

このリスク計算は、何度検算しても、**「動かないリスク>動くリスク」**という結論だ。つまり、ウィズ・コロナの時代は、新たな不等式の時代に突入したともいえるのである。

ポイント

進化圧で、一部の人の便利が、全体の便利へと加速。
「持つ者の有利」から「動く者の有利」になる。

■【新算数2】サバイバル力を身につけられるか

もう一つ、「新算数」において重要となったのは、動き続けるための「サバイバル力」だ。コロナの蔓延によりさまざまな企業がピンチを迎えている。こうした状況下で必要なのはサバイバイブする力である。経営者には、**「思考と行動と数字の一気通貫」をさせサバイブする**ことに一点集中することが、ことさら求められる時代となった。

サバイブするために必要な算数は、いくつもあるが、その中でも、特に重要で基本となる2つの算数について説明をしよう。

1つは、**「ランウェイ」**という算数だ。ランウェイとは、**資金がショートするまでに残された時間**のことだ。数式は単純で、残っているキャッシュを月々のキャッシュフローで割るだけだ。

サバイブに必要な計算式

ランウェイ＝キャッシュ残高÷キャッシュフロー

たとえば、手元に1000万円あり、月々のキャッシュフローがマイナス100万円であれば、「1000万円÷100万円＝10ヵ月」と計算し、この10ヵ月がランウェイということになる。あとは解釈の問題で、10ヵ月の余裕があるともいえるし、わずか10ヵ月後には倒産してしまうとも捉えられるのだ。

実際、あなたの会社のランウェイは、どうなっているだろうか。すでに起業している人は、手元の財務諸表をひっくり返して、計算してみてほしい。というか、ひっくり返さないと計算できないような状態であることに、まず反省しよう。次からは、ざっくりでもよいので頭の中に入れておいてほしい。

ビフォー・コロナでは、どちらかというと、スタートアップ市場が過熱しすぎていた状況だった。もう昔すぎて記憶も薄らいでしまっているかもしれないが、極端にいうと、「カネがなくなったら調達すればいい」という空気さえあった。それがコロナ禍となり、一気に冷え込み、今は資金調達ができないかもしれないという状況に陥った。ランウェイも、「12ヵ月あれば次の資金調達に間に合う」という空気感であったが、それでは間に合わない（資金がショートしてしまう）かもしれないという空気感に一気に変わった。その結果、**「できれば18ヵ月、安心なのは24ヵ月」**などの声も聞こえてきた。

ランウェイは何ヵ月が正しいのか、というのは、各社それぞれの置かれた状況によって異なる。だが、一般的には資金調達時に18ヵ月分の資金を確保するというのがウィズ・コロナ時代の目安といえると思っている。そして、「適切な危機感」をもってランウェイを把握しておくことが経営者の役割として欠かせない。

実際、生き残るためにシビアに数字を見るようになった企業は増加し、「バーンとランウェイを教えて」という質問に対する答えの精度が一気に高まった。みんな、ひしひしとサバイブする必要性を感じている表れなのだろう。

ちなみに、**バーン**とは、**会社経営のための1ヵ月あたりに必要なコスト**のことだ。バーンには、グロスバーンレートとネットバーンレートの2つがある。グロスバーンレートは**コストの月間総額**で、ネットバーンレートはグロスバーンレートから収入を引いた額、つまり**入りと出を相殺《そうさい》した月間の差分額**である。一般的によく使われているのは、ネットバーンレートのほうで、前出の「バーンとランウェイを教えて」と僕が聞いた時のバーンも、ネットバーンレートの意味で使っている。

こうした数字を把握しておくことは、健全なことだと思っている。正確でなくてもよいので常におおよそを把握し、ランウェイから逆算した調達スケジュールを前倒しで検討していく用心深さは、スタートアップであれば持っておきたい数字の感性である。

もうひとつの算数は、**「ユニットエコノミクス」**だ。ユニットエコノミクスとは、ユニット（単位）とエコノミクス（経済）を合わせた言葉だ。つまり、**単位当たりの経済性**。数式は、こちらも単純で、顧客の生涯価値（LTV）を顧客の獲得コスト（CAC）で割るだけだ。

サバイブに必要な計算式

ユニットエコノミクス＝顧客の生涯価値（LTV）÷顧客の獲得コスト（CAC）

たとえば、ある1人（1社）の顧客のLTVが1万円だった時に、CACが3000円であれば、「1万円÷3000円≒3・3倍」という計算ができる。そして、この約3・3倍がユニットエコノミクスである。LTVがCACを上回っていれば健全であり、事業の存続や拡大、成長が可能な状態であると判断できる（一般的には、LTVがCACの3倍より大きければ、健全だといわれている）。

実際、あなたの会社のユニットエコノミクスは、どうなっているのだろうか。この計算は、前出のランウェイよりも算出が難しいし、結果の判断も難しい。なぜならば、LTV÷CACをおこなう前に、そもそもLTVとCACを把握しなければならないからだ。

LTVは、1人（1社）の顧客が生涯にわたって生み出す利益の合計金額である。当然、長期間にわたって、反復継続的に購入し続けてくれる顧客のほうが、LTVが高いということになる。企業が、より良い顧客との関係性を築くためにも、重要な指標であるといえる。

この金額を答えることが、あなたはできるだろうか。答えられるということは、顧客に対する解像度が一定程度高いということだ。そして、**新規顧客を獲得するためにどれだけコストをかけられるかを判断することができる**ということでもある。非常に重要な数字だ。

CACは、1人（1社）の新規顧客を獲得し、売り上げが上がるまでに掛かる費用の合計金額である。ごく少数の顧客から多額の売り上げを上げるビジネスモデルであれば、個別の顧客ごとにCACを追うこともできるのかもしれないが、一般的には「顧客獲得にかけた費用の合計÷獲得できた顧客の数」で求める。

当然、CACは低いほうがいい。だから、より詳細に**オンボーディング**（組織やサービスに新たに加入した人が定着するための活動・支援)、**リテンション**(企業が人材を維持・確保するための施策)、**コンバージョン**(消費者が商品購入やサービス加入を通じて顧客に転換すること)などの顧客遷移に注目し、CACの良化に努めることが重要だろう。

これらの努力にすでに取り組んでいるということは、**ファネル**(幅広く集客し、ふるいにかけられた見込み顧客が、成約までの間に徐々に少なくなっていくこと)管理ができていて顧客の購買プロセスの理解に向けた努力姿勢があるということである。これは、非常に重要な「数字感覚、思考と行動と数字の一気通貫」だ。

なお、前出のLTVもそうだが、**CACは常に変わり続ける**。健全化したユニットエコノミクスも、いつ不健全化するかはわからない。常に健全な状態に合うかをチェックするクセをつけてほしいと思う。

ポイント

大変な時期だからこそ身につけたいサバイバル力。サバイブするための、思考と行動と数字の一気通貫が大事。

＊
＊
＊

著者からのメッセージ

「変わらないためには、変わり続けないとダメ」

「コロナによる5年分の強制進化圧」について、ご理解いただけただろうか？
ここに書いてきたことは、良いか悪いか、好きか嫌いかではなく、全世界全世代同時の強制進化圧を受けたことで起きてしまった事実である。残念ながら、誰しもが、受け入れるしかないことだ。

だからこそ、どうせ変わるならば先んじて変わったほうがよい。少なくとも本書を手に取ってくれたあなたは、「変われないことで自分の道が閉じてしまう」ことをどうしても避けたいと思っているはずだ。変わらなかったら、取り残されてしまい、今の場所に留まることもできないと気づいてもいるだろう。

つまり、逆説的な言い方になるが、

「変わらないためには、変わり続けないとダメ」

なのだ。変わることを恐れ嫌っていると、留まることもできずに押し流されてしまい、結果、意図しない方向に変わってしまうのである。

僕のメッセージがきちんと届くよう願いつつ、次の章に筆を進めたい。

第3章

失敗し尽くした先に学びがある

■5勝7敗5分け

プロとは**「専門とする範囲で、生じうる間違いのすべてを経験した人」**であると思う。だから、新規事業のプロである僕は、新規事業という分野において、あらゆる間違いを経験した人間だともいえる。残念ながら、それだけの失敗をしながらも、いまだに新たな失敗を重ねてしまってはいるのだが、だからこそ、いくぶんでもその失敗を回避するために、失敗から大いに学ぶようにしている。

早速「失敗」というワードを何度も繰り返してみたのだが、この章では、僕の「失敗学」を赤裸々に伝えたい。僕自身も、失敗からたくさんのことを学んだし、読者の方々にも僕の失敗から学ぶことが大いにあると思うからだ。

「5勝7敗5分け」は、僕のサラリーマン時代の経験だ。ミスミとエムアウトそれぞれ10年ほど、合計20年間での新規事業への挑戦結果だ。読者の方としては、「え？」と思うかもしれない。そう、**じつは僕は負け越している。**

しかし、だからこそ学びも多かった。ここではその手痛い失敗からの学びをお話ししたい。失敗の原体験は、今から30年近く前までさかのぼる。ミスミで、初めて担当した新規事業で僕はいきなり大失敗をしでかした。

当時、機械工業系の専門商社だったミスミが、積極的な新規事業展開に乗り出すことになった。本業の拡大や、本業の隣接地への拡大ではなく、まったくの新規、飛び地への展開を目指したのだ。だが、会社としてそう舵を切ったものの飛び地への展開の知見はない。そこでミスミは、世界のトップコンサルティング会社、マッキンゼー日本支社に協力をあおいだ。察しのいいあなたは、「コンサル会社に丸投げした失敗か」と思ったかもしれない。ところが失敗はそこではなく、もう少し先の部分で僕は転倒した。マッキンゼーからのアドバイスは、非常に的を射たものだった。当時、マッキンゼーが教えてくれたことは、

- 武器を持たずに飛び地に飛ぶな。
- 本業で培った強みをもとに飛び地に展開しろ。
- ミスミには「勝ち方の型」がある。
- 「勝ち方の型」は、①非効率が散在していて、②その非効率を集約できて、③そこに経済原則が働いていたら、④カタログ通販で参入する。

だった。これは非常に価値ある指摘だった。なぜならば、**「飛び地OK」**ということは、「(今まで接点のなかった業界・領域など)何でもOK」ということでもあるからだ。

当時の僕は知るよしもなかったが、世の中の大企業は判で押したかのような**「新規事業の魔の展開」を繰り返している。**詳細は次の項で触れるが、どういうことかというと、新年度になり事業開発室という部署ができる。そのタイミングで動かせる人を集めた混成チームには、年度内に「何か」を生み出せと指示が飛ぶ。「何か」とはまさしく「何か」であり、上司や上司の上司も含め、誰も強く具体的な思いを描いていないし、それに対する熱意もない。「何を起案するのか」「それは我が社でやるべきなのか」「もっと我が社の強みが生かせる事業はないのか」など誰も答えを出せない禅問答のような社内会議が続く。これにより、**「生めない、生まない事業開発室」ができあがる。**私見だが、我が国の大企業の新規事業の99%で再現されている、鉄板中の鉄板の「魔の展開」である。

一方、当時の僕たちは、マッキンゼーの教えにより、この「魔の展開」を回避することができた。「勝ち方の型」という全社共通の新規事業のモノサシができたので、事業を検討するにあたり、全員が同じ目線で是非を議論できたのだ。そのため、不要で不毛な議論は皆無だった。非常に実りのある議論を重ねることができ、ここまではとてもよいステップだった。

僕の失敗は、この後だ。マッキンゼーと一緒にマッキンゼーのモノサシをあてがって検討した結果、看護師向けのカタログ通販事業という飛び地の事業を選んだ。そしてマッキンゼーが去った後、「社内メンバーだけ」でこの事業のローンチを目指したのだ。社内メンバーだけなので、「新規事業の立ち上げ経験のない」「機械工業系金型分野人材のみ」のチームであった。

もちろん、顧客ヒアリングをまったくしないということはさすがになく、事前に看護師数人に「こんなサービスはどうですか?」と質問をした。どの看護師も「いいですね」と好反応。お墨付きをもらえたので、聴診器やユニフォームなどが掲載された通販カタログを全国の中小病院に送りつけた。

しばらくワクワクして待ったが、まったく注文は入らなかった。理由は単純で、そもそも資材の購入は用度課という事務職が担い、看護師は発注権限を持っていなかったのだ。今思い出しても、驚くほど稚拙な失敗だ。そしてさらに驚くことに、参入後しばらくして、どうも様子がおかしい、まったく数字が伸びないぞ……、と怪訝に思い始めるまで、僕も含め社内の誰もそこに気づいていなかったのである。

劣勢に立たされた僕たちは、すぐさま診療所向けの事業に**ピボット（事業の方向転換）**する。診療所の院長であれば発注権限を持っているからだ。しかし、最悪なことに同じ失敗を繰り返した。当時の診療所の医師たちは、営業がきたら注文するというスタイルに慣れていたために、自らカタログを開いて必要な商品番号や必要な商品数を記入してFAXするなど、そんな面倒なことはまったくしてくれなかったのである。

この2連敗は、医療業界のプロがいれば、そして起業のプロがいれば、しなくてよかった失敗だった。事業開発室のメンバーにも、そしてミスミ全体にも、業界のことを知っている人が誰もおらず、加えて、起業経験があるメンバーもいなかった。起業家としてあまりにも未熟で、知見の不足どころか、取り組みの姿勢から間違っていたことに、2度の失敗を経て、僕はやっと気がついた。

この愚かな間違いは、**30年近く経った今でも、大企業での定番頻出の間違いである**。たとえば、ミスミ時代の失敗はこんなふうに考えることができたら回避できたはずだ。

「看護師だけで金属加工業に参入してくる会社があったら、どうだろう。僕らは、間違いなく、『無謀だ』と笑ったと思う。金属加工の業界はそんなに甘くない。事業が的を射ていない手法であったならなおさらだ」

「『ミスミ病院』を作ることに挑戦しようとしていたなら、さすがに医者を雇っただろう。そこまでわかりやすければ自社の人間だけで参入しなかったはずだが、そこまでわかりやすくなかったので、僕たちは自社の人間だけで参入した」

つまり、**立場を変えて考える。極端にして考えてみる。**それができれば、落とし穴に気づけたはずだ。心から反省をしているからこそ、あなたには同じ過ちを犯してほしくはない。

後日談として、僕は、3回目のピボットで、動物病院向けの業務用カタログ通販事業として、ようやく事業を軌道に乗せることができた。全国およそ8000軒ある動物病院のうち、約6000軒が顧客となり、当時の動物病院の年間開業数250軒ほどのうち、約240軒がミスミのカタログ通販を利用して開業する圧倒的な勝利を得ることができた。勝因は、人の縁や時の運などに恵まれた面もあるが、**一番のポイントは「自らの取り組み姿勢を正したから」**であった。「失敗からの学び」である。

このような経験を、僕は会社員時代の20年間で17回経験した。そして、その17回の戦績の内訳が、本節見出しの「5勝7敗5分け」なのである。失敗からの学びは一生忘れないほどに大きいものだ。

\ポイント/

失敗から学び、型を作り、次の挑戦でそれを生かす。

■ 3つの切り離し、2つの機能、1人の戦士＝大企業新規事業の失敗学

「5勝7敗5分け」の経験は、会社員時代の経験だった。僕の起業人生30年の中でいうと前半にあたる。残念ながら後半の守屋実事務所を立ち上げてからも、いくつも失敗を経験した。自ら代表として起業して失敗したこともあれば、スタートアップや大企業の

事業開発部門に参画しての失敗もある。

「3つの切り離し、2つの機能、1人の戦士」は、その中でも「大企業の社内新規事業の非常勤メンバー」として参画させてもらった時の失敗からの学びだ。

この学びの精度は、相当高い。

何を言っているのかというと、**「大企業の新規事業の失敗の99%は、この学びが当てはまる」**からだ。

正直な話、大企業での新規事業の成功は簡単なことではない。しかし僕は、大企業のそれを諦めたくないと思っており、大企業が持つ力は甚大だと信じている。たとえば、JR東日本グループが展開している事業として、Suica事業がある。JR東日本グループ沿線にお住まいの方ならば、多くの方がSuicaを持っているだろう。この事業は、明らかにユニコーンである。もちろんJR東日本グループが提供しているカードサービスであり、株式会社Suicaというスタートアップがあるわけではないのだが。

同じく、セブン-イレブン・ジャパンが展開するセブンカフェもユニコーンといえるかもしれない。こちらも株式会社セブンカフェというスタートアップがあるわけではないが。他にも大企業の中のユニコーン的な新規事業は多く存在する。こう考えると、大企業の新規事業が我が国に及ぼす影響は大きく、日本の再びの成長に大企業における新規事業が担う部分は大きい。だから、これからも大企業の社内新規事業の非常勤メンバーとして参画させてもらえる機会を得たいと考えているし、実際に参画をさせてもらっている。

では、大企業の新規事業に参画する僕が見つけた失敗の学び「3つの切り離し、2つの機能、1人の戦士」について、説明をしよう。

①3つの切り離し

「3つの切り離し」とは、大企業の中で新規事業を立ち上げる前に3つほど切り離すものがあるという学びだ。

大企業には、大企業にまで成長を押し上げた優良で強靭な本業がある。その本業が強ければ強いほど、そして長年続けていればいるほど、組織の隅々、参画者の全員が、「本業組織、本業人材」となっている。これは至極当然のことだし、だからこそ、その本業が強くあり続けることができる。

一方、当然ながら新規事業は本業ではない。つまり、**本業≠新規事業、本業組織≠新**

規事業組織、本業投資≠新規事業投資、ということになる。この当たり前の構造が起因して、新規事業はすべて「本業の汚染」に遭っている。だから、新規事業を本業から切り離す必要があるのだ。

「3つの切り離し」の3つは、資金、意思決定、評価である。

「資金」を切り離すとは、単年度会計から新規事業を切り離すということである。

多くの企業は当年4月～翌年3月の「期」で動いている。だから事業の計画も、組織の計画も、4月～3月を1つの区切りとする。これは企業の理屈であって、顧客には何の関係もない。あくまで単なる会計上の区切りでしかないのだが、その区切りをもって、メンバーが変わり、上司が変わり、上司の上司が変わり、方針が変わることがある。その結果、予算が大きく変動する。つまり年度ごとに、これまで進めてきたことが止まり、頓挫し、もしくは時計の針が1年戻るようなことが起こる。単年度会計は、微に入り細に入り、ありとあらゆることに影響がある。

「意思決定」を切り離すとは、会議体から切り離すということである。

大企業には、ミルフィーユのような会議体がある。現場での会議、上司との会議、上司の上司との会議……と何層にも重なるミルフィーユだ。一方、新規事業は、その事業が初期段階であればあるほど、顧客のそばにいる最前線の人間が、その時その場の意思決定でどんどん動いていくべきである。

しかしながら、大企業内の新規事業ではそうはいかない。上司への報告や、上司の上司への報告をするために、丁寧なパワーポイントを用意する必要がある。会議体の格が上がれば上がるほど、社内向け作業の負担は大きくなり、新規事業を担当する部署自らの判断だけでなく、事前の関係部署への根回しや、経理や財務への確認、経営企画室の添削など、起案の前段階での実質的な承認の取り付けが必要となる。

そこまでして準備しても会議出席者は、その事業の顧客でもなければ、起業の経験者でもない。実のある議論ができるような状況ではないのだ。新規事業の立場から考えると、その時間があったら1人でも多く顧客を訪ねるべきである。

「評価」を切り離すとは、減点主義から切り離すということである。

大企業の出世レースでは、可能な限り失敗を回避したい。出世コースから外れたくないし、寄り道もしたくない。しかしながら、新規事業はうまくいかなくて当たり前だし、試行錯誤、悪戦苦闘の連続である。この相性は、相当悪い。

人事の平等性など、全社視点でいうといろいろあるのだろうが、**新規事業については失敗しても手を挙げた時点でマル、もし事業を成功させていたらハナマル**だというくらいがちょうどよい。もちろん、単なる評価ではなく、事業の責任者クラスには事業の成功の度合いに応じた利益分配的な報酬制度や、さらには、分社化したうえでの株式保有など、創業経営者であればごく普通で当たり前の仕組みもセットにして評価したい。

僕はこの3つの切り離しをおこなうことはめちゃくちゃ大事だと思っている。が、それがなされることは、ほぼない。それは、単なる新規事業施策というよりは、会社の基本設計に触れる部分でもあるからだ。結果、検討の俎上に載ることすらなく、従前通り時が過ぎる……。失敗の山が消えることはない。

②2つの機能

「2つの機能」とは、大企業の新規事業組織は、**事業を立ち上げる機能よりもむしろ社内と戦う機能が必要だ**という視点である。

本来は新規事業なのだから、外に目を向けるべきである。顧客の声に耳を傾け、敵の動きを察知し、外で戦うための組織であるべきだ。しかし、「3つの切り離し」でも書いた通り、現実はそうはなっていない。本業の延長線上の新規事業となっている。だから、外戦部隊だけでなく、内戦部隊も必要となってしまうのだ。新規事業の最前線で戦っている仲間のために、環境を整える必要があるということである。

新規事業の現場で何が起こっているのか、本業のみんなに知ってもらい、力を貸してもらうための社内広報活動人材が必要だ。この機能がないと、せっかくの社内リソースを活用することができず大企業の有利を発揮できない。既存事業部は、新規事業に協力しても、労力だけ使い評価にはつながらないから協力するインセンティブがない。そこをどうにかして**協力を取り付ける社内交渉機能**が必要なのだ。

戦いの結果から得た知見を、次に活かすための記録として可視化、そして新規事業が生み出され続ける文化をつくる必要がある。この機能がないと、**せっかくの経験値を蓄積することができず、いつまで経っても「初めての新規事業」**になってしまう。担当者が替わるたびに、同じ失敗の上塗りをしてしまうのだ。

だからこそ、「2つの機能」が必要なのである。

③1人の戦士

「1人の戦士」とは、**大企業の新規事業人材は、その企業における経営者候補**であるべきだということである。

新規事業の勝負の分かれ目は、そうそう経験できることではなく、その経験は経営者候補の人材として間違いなく鍛錬となる。

大企業になればなるほど、参画者の担う領域は狭くなってしまう。たとえば、マーケティング本部長という立場は社内では「偉い人」かもしれないが、見ている範囲はマーケティング費という経費のひとつにすぎない。一方、新規事業の責任者は、マーケティング本部長よりも予算の桁は2つも3つも小さくなるかもしれないが、損益計算書（PL）はもちろん、バランスシート（BS）もキャッシュフロー計算書（CF）も見ることになる。この圧倒的な視野の広さが、経験の質を変える。だから、**意志ある経営者候補の人材を躊躇なく投入する必要がある**のだ。

「3つの切り離し」ほどではないが、この「2つの機能」と「1人の戦士」も、なかなかなされることはない。2つの機能を持てない理由は「新規事業にリソースをそこまで回せない」からであり、1人の戦士が立ち上がれない理由は「エースに異動されたら本業が困る」からである。結果、検討の俎上に載ることは稀で、従前通りのまま時が過ぎることが多い。やはり、失敗の山が積み上がることからは逃れられないのだ。

ポイント

大企業の失敗には、共通の原因がある。「3つの切り離し」「2つの機能」「1人の戦士」を取り揃えろ！

■組織の動態論＝スタートアップの失敗学

「3つの切り離し、2つの機能、1人の戦士」は、「大企業の社内新規事業の非常勤メンバー」として参画させてもらった時の失敗からの学びである。そこで、ここから先はスタートアップを経験した際の失敗からの学びについて話をしたい。

本書でたびたび書いている通り、起業の成功は簡単なことではないので、その分、失敗の話にも事欠かない。当然、その学びをまとめた書籍も多々ある。たとえば、**PMF（プロダクトマーケットフィット）**について取り上げられることも増えた。これは、自社のプロダクトやサービスがあるマーケットに適合（フィット）している状態のことである。いつからこの言葉が一般的になったのかは知らないが、PMFができなかったことによって資金が底をつき、解散や倒産に見舞われるというスタートアップの失敗パターンは、よくある事例だ。

また、PMF以前の問題として、「我々は何の課題に挑むのか？」というそもそもの初期設定の切れ味が悪く、そこから先、何をしても苦難の道であったという話もPMF

同様によくある失敗事例だ。加えて、ＰＭＦ以降の問題として、「いかにスケールしていくか？」という課題もある。投資を回収するタイミングで、成長し切れないという事例も多々ある。

そういった中で、**最大の難所だと思っているのは「ヒトや組織の問題」**だ。スタートアップが成長していく過程では、良くも悪くも避けられないヒトや組織に関する山場や谷場がある。その一連を僕は**「組織の動態論」**と呼んでいる。悲観的に捉えているというよりは、事業も組織も成長するには突破するべき壁があるということだ。そして、その壁は次のステージへの扉でもある。つまり、成功へのマイルストーンの意味もあるのだ。

「組織の動態論」とは何か。日本において、「組織」というと固定的で、動きがないもののイメージが強い。しかし、今後はそこに可変性を表す、「動態論」の発想を組み合わせて考える必要がある。組織とは、動き続け、変わっていくものだという理解に転換していくことが求められるのだ。

動態論のスタートは、「とにかく売る。想い１２０％!!」の熱量である。その熱量により、ゼロからイチへの見えない道のりを力強く進み始めることができる。とはいえ、その時期がいつまでも続くわけではない。企業が成長していくうちに、やがて「仕組みができておらず、組織がグチャグチャ」という状態に気づき始めるのだ。致命的な状態になる前にそれに気づき、手を打つ必要がある。

仕組み化できると一時健やかな時期が訪れる。しかし、残念ながらすべてが解決するわけではなく、やがて、中途半端な権限委譲や不慣れなマネジメントで社員のモチベーションダウンといった課題に直面することとなる。

こうして**「組織の動態論＝人と組織の良循環＋人と組織の悪循環」に見舞われながら成長をしていく**のである。

この未来を見通して、組織を捉えてほしい。備えることで、悪循環を最小限なものとし、良循環を大きくしていただきたい。

また、ウィズ・コロナによって、新たな課題が増えたとも思っている。組織運営の複雑さが増したのだ。

ローカルコミュニケーションの組織運営にリモートコミュニケーションの組織運営が加わったことで、特に新参画者の**オンボーディング（組織の受け入れ、定着、戦力化）**が難しくなった。以前は、「社員が集合すること」自体がオンボーディングの大きな役割を

組織の動態論

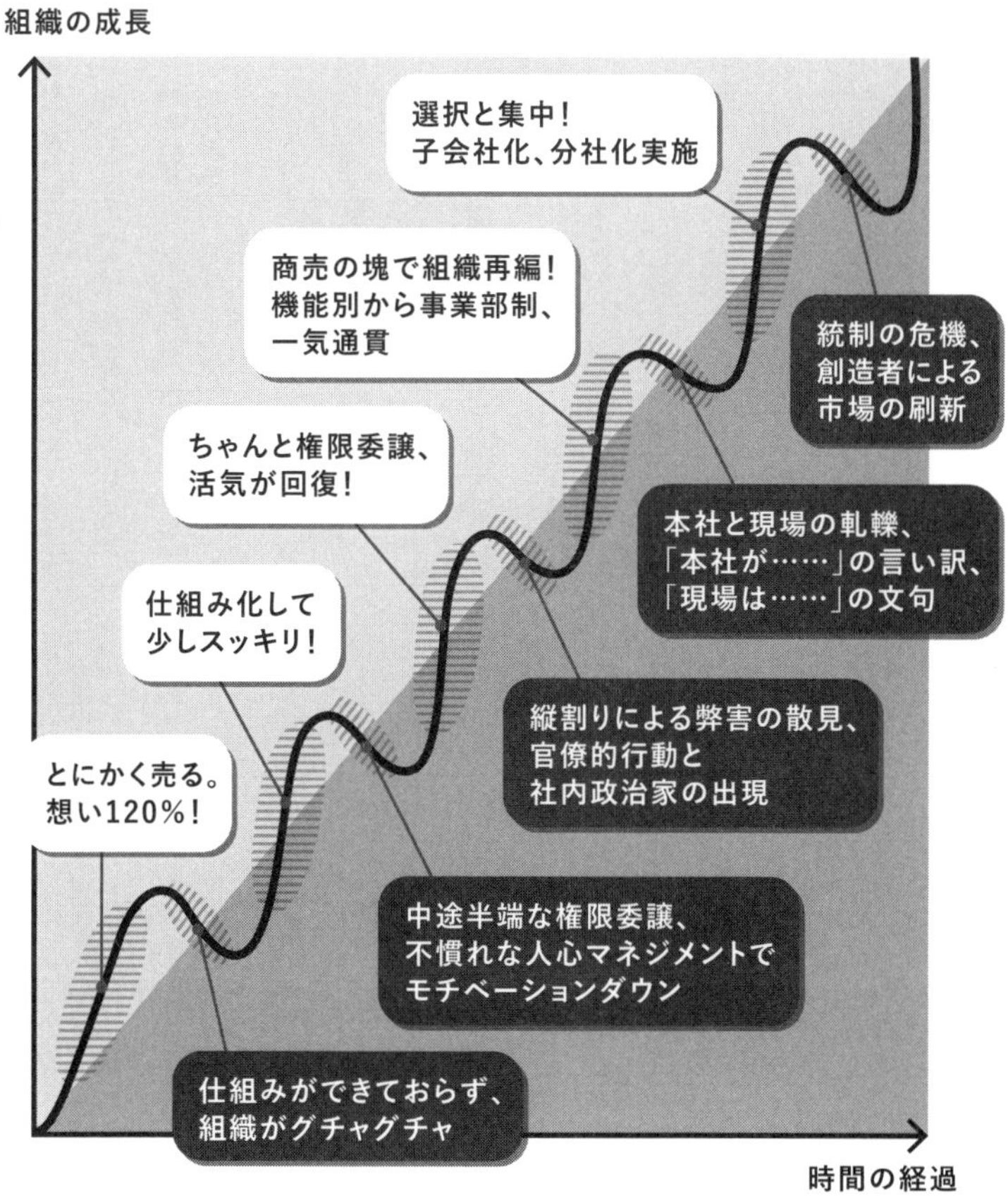
組織の成長
選択と集中!
子会社化、分社化実施
商売の塊で組織再編!
機能別から事業部制、
一気通貫
ちゃんと権限委譲、
活気が回復!
仕組み化して
少しスッキリ!
とにかく売る。
想い120%!
統制の危機、
創造者による
市場の刷新
本社と現場の軋轢、
「本社が……」の言い訳、
「現場は……」の文句
縦割りによる弊害の散見、
官僚的行動と
社内政治家の出現
中途半端な権限委譲、
不慣れな人心マネジメントで
モチベーションダウン
仕組みができておらず、
組織がグチャグチャ
時間の経過

担ってきたところがあったが、今はそれを失った。入社はすれど、出社をしないこともある。だからこそ、そのための新たな打ち手が必要となるわけだ。「組織の動態論」同様、新たに生まれた組織の複雑性を踏まえて、手を打っていかなければならない。

僕が参画させてもらっている企業の多くは、すでにオンボーディングへの対策を講じていて、それぞれの企業が、それぞれの個性や考え方に基づいて実行している。たとえば、その中のひとつに、雑談をしながらウォーキングをする「ウォーキングチャット」がある。スラックなどに雑談ルームなどを設けている企業は多いとは思うが、「さぁ、みんなで雑談をしましょう」といわれてもなかなかできるものではない。そのため、運動不足になりがちなコロナ禍で社員の健康促進も兼ねて、ウォーキングと雑談を組み合わせた仕組みを作ったのだ。多くの社員が週1回は参加している。こうした、各社各組織の創意工夫が求められていくだろう。

＼ポイント／

過去の失敗が、未来の成功への打ち手となる。重ねてきた失敗のパターンを知ろう。

■7つの大罪

この章では、僕の失敗のいくつかを振り返ってきた。それらをまとめたものとして、僕の30年の起業のプロの人生から得た「起業版7つの大罪」がある。「7つの大罪」は、ご存知の通り、キリスト教でいう「7つの死に至る罪」を指す。内容的には、罪そのものというより、「人間を罪へと導く可能性のある、7つの感情や欲情」だと考えられる。その起業版であるから、**「事業を失敗へと導く可能性のある、7つの姿勢や行動」**という意味になる。

その7つは、次の通りだ。

第1の大罪　意志なき起業
第2の大罪　経験なき理屈
第3の大罪　顧客なき事業

第4の大罪　熱狂なき業務
第5の大罪　挑戦なき失敗
第6の大罪　利他なき利己
第7の大罪　自問なき他答

第1の大罪　意志なき起業

本書では、「意志」の大事さについて、たびたび触れてきた。起業を考えているならば、その起点はあなた自身の意志でしかない。また、新型コロナウイルス感染症により、5年の時をジャンプした今、起業に限らずとも、企業内での新規事業においても、そして既存事業、本業であっても、意志の強さが求められている。人は心が原動力である。挑戦したいという熱量のない取り組み姿勢は、罪でしかない。

第2の大罪　経験なき理屈

起業は挑戦だ。にもかかわらず、挑戦から遠ざかった人間が、ナナメ上から言葉を発することがある。今ではとっくに通じなくなった昔の栄光からモノをいう年輩者はもちろん、いくぶん事業をかじった中途半端な経験でカタカナ用語を振りかざすミドル、未経験なのに小手先の理論でビジネスを語る若手まで、その出現率は高い。

たしかに、ビジネスのフレームワークは大きな武器であり、だからこそこうして僕自身、書籍にまとめている。ただし、間違えないでほしいのは、あくまで**「学びは自らのおこないからしか生まれない」**ということである。誰かのうわべだけを真似しようとするのではなく、また、学生の頃の穴埋め問題のような知識だけの学びではなく、あなた自身の実戦による実学に重きをおいてほしい。

第3の大罪　顧客なき事業

第1章の「顧客から考える」で、「あなた自身が『(事業を)やる!』と決めた時に、どのような事業をするのか、なぜやるのか、何を善とし、何を悪とするのか。この時のもっとも重要な決め手となるのが、『顧客視点』だ。つまりは、顧客の立場に立って、顧客の問題を見るということである」とお伝えした。さらに一般的なマーケティング用語である、「プロダクトアウト↓マーケットイン」を、わざわざ「マーケットアウト↓

プロダクトイン」と書き換えてお伝えしたことを忘れないでほしい。

大企業での新規事業の場合には、顧客不在の外注丸投げ事業や社内政治事業に注意してほしい。**あなたの仕事は、顧客に価値を生むことだ。**業務を管理することや、上司に評価してもらうために努力をすることではない。スタートアップでは、起業とはこういうものだと思い込んで突っ走ったり、手段であるはずの最先端の技術ばかりを追いかけてしまったりすることに注意してほしい。顧客の価値を生み出すための手段や形式が先にきてしまってはいけない。

一方、顧客のことだけを見て事業全体の収支を見ないのでは、社会活動家になってしまう。顧客に対するあなたの思い入れだけでは、事業としては成立しない。**マネタイズもセット**にして考えなければならない。また顧客に対する市場調査や統計だけから導き出された事業は、生身の手触り感が希薄だ。「理屈だけの事業」「あったらイイナ事業」では、やはりマネタイズがついてこない。

事業がうまくいかない時、それは「顧客なき事業」である可能性が高い。

第2章で紹介した【新道徳2】では、「会社のプロ」から「仕事のプロ」へと時代の転換を示した。しかしながら、根強く残る「会社のプロ」としての習い性が、「過度な組織的思考」を発揮してしまいがちだ。

担当した業務を誠実に頑張る。しかも、新たな業務を生み出すことはほとんどなく、すでに生み出されている業務を管理したり、調整したりすることをずっと量稽古してきた。これは、組織人としては当たり前に大事な姿勢と行動ではあるが、起業においては上位概念の欠落につながってしまう「クセ」に他ならない。

部分よりも全体、手段よりも目的、現象より本質を追い求めてほしい。目の前の業務をこなすという作業を超えた、顧客価値の実現のために熱を持ち続けてほしいのだ。正しい「熱」は、必ず価値を生むはずだ。

第5の大罪　挑戦なき失敗

この章では「3つの切り離し、2つの機能、1人の戦士」で、本業の影響力の危険性について書いた。保守的な企業は、失敗を不適切に恐れる。

たとえば、とあるメーカーでは、「間違っても間違わない」という100%の安全基準が徹底されていた。巨大な本業での製造現場では、それは正しい。しかしながら、それを新規事業に当てはめてしまっては、事業を進められない。とある広告代理店では、ありとあらゆる業界や業種にクライアントがいるという本業の構造が、新規事業とバッティングした。何を考えても、必ず既存のクライアントと競合し、思い切った手が打てないのだ。

これらの企業は、挑戦して失敗をするどころか、挑戦することもできずに失敗（参入さえできない）を年中行事のように繰り返しているのである。

第6の大罪　利他なき利己

「利己」とは、出世や保身、地位、名誉、金など、誰もが想像できる「ビジネスシーンの欲望あるある」を前提としている。

たとえば、組織のあるある保身サイクルは、「組織の成長↓多様性のためのルール構築↓ルールの定着↓前任の踏襲↓ことなかれ主義の定着」であったりする。

また、個人のあるある保身サイクルは、「個人の成長そして安定↓守るべきものの増大↓保守化」や、「個人の失敗そして不安定↓守ることで精一杯↓保守化」など、こうした事例には事欠かない。

利己がはびこる事業は必ず失敗する。**起業で重要なことは、利他**である。

第7の大罪　自問なき他答

本書ではここまで、さまざまなことをお伝えしてきた。

- コロナ禍によって、商機と勝機が大量発生したこと。
- 動いた人にだけ、道が拓けるということ。
- 起業において一番大事なことは「意志」であり、事業は「顧客から考える」こと。
- 成功と失敗の定義。
- 道徳、国語、算数の3科目の進化系としての新道徳、新国語、新算数。
- 学びは自らのおこないから、という姿勢と行動。
- そして、本節の「起業版7つの大罪」

本書で僕は、自分の30年の起業経験の集大成としてまとめた経験値を、あなたの今後の取り組みに活かしてほしいと願っている。しかし、僕があなたでない以上、あなたにとって本書はあくまでも参考にしかならない。大事なことは、**「他人の答えに頼らずに、自ら問い、自ら答え、自らおこなってほしい」**ということだ。

本書は僕の経験を、可能な限りシンプルにまとめて伝えている。シンプルにしているのは、わかりやすさを取ったからだ。一方、バッサリと枝葉をそぎ落としたことですべてを表現できていないというデメリットもある。だからこそ、あなた自身で考えることを欠かさないでほしいのだ。

「Aだ」というと、「では、Bではないのですね」といわれることがある。可能な限りシンプルにしたから「Aだ」といっているのだ。より複雑に話せば、「状況によってはBであり、別の要素が加わればCかもしれず、そしてCにも3つのパターンがあり、C①、C②、C③とある。かつ、そのどれでもないこともある」というようなことさえある。大事な部分を抜き出してシンプルに「Aだ」と言い切っていることを理解してほしい。

「ヒトの経験談、他者から借りてきた小理屈」を、**「深い思考とセットにせずに、うわべを単純参照する」**ことは、決してしてはいけない。それは、悪手中の悪手だ。

「自問なき他答」では、あまりにも学びが少ない。そして、応用が利かない。
起業の現場は、すべてがユニークだ。
あなたの事業は、あなたにしか、判断できない。
あなたの新しい一歩は、あなたにしか、踏み出せない。
他人の答えに頼らずに、自ら問い、自ら答え、自らおこなってほしい。

ポイント

7つの大罪を踏まえて、自ら思考して、踏み出す。

＊＊＊

著者からのメッセージ

「無我夢中で突っ走れるように、失敗のラインを引いておく」

本章では、ひたすら「失敗」について書いてきた。さんざん失敗してきた僕の経験をあらかじめ伝えておくことで、あなたが出会うかもしれない困難についての予習になると思ったからだ。

そう思い、そう書いておきながら何なのだが、僕が伝えたいのは、

「失敗はじゃんじゃんしたほうがいい！」

ということでもある。

一度や二度の失敗に落ち込んでいるくらいなら、躊躇せずに突き進んでいったほうが、成功が100倍速くて近くなる。

ただし、この時に、大事なことがある。致命傷を負う失敗、引き返しようのないところまで進んでの失敗は避けるということだ。

先ほど、「失敗はじゃんじゃんしたほうがいい」と書いた。つまり、それは失敗しても再び次のチャレンジに臨むことができるからである。だから、一か八かの一発勝負に度胸だけで際限なく突っ込んで再起不能になることは避けなければいけない。

つまり、最初に、ここまでなら大丈夫という失敗のラインを引いておくことが生存戦略においてめちゃくちゃ大切だということである。

この言葉だけを読むと、反論したい気持ちになる人もいるかもしれない。「安全圏を確保するのではなく、全力で勝負すべきではないか」と。その通りだ。まったくもって、反論するつもりはない。むしろ、そうするべきだと、本書ではずっといっている。だから、そのための失敗のラインなのだ。

どういうことかというと、「ここまでなら大丈夫」と肚を括っているから、全力で突っ込むことができるわけである。このままで大丈夫かな、マズいかな……と少しでも心がグラつき始めたら、起業の推進力は驚くほど落ちてしまう。そんなことがないように、走り出したら最後まで無我夢中で走り切るために、失敗のラインを引いておくのだ。守りのためのラインではなく、攻めのためのラインだ。

大丈夫。肚の据わった挑戦の先には、必ず成功が待っている。

第4章

切り拓いている人の起業の物語

これまでお話をさせていただいた通り、起業一本鎗で来た僕は、これまでも、今も、たくさんの起業に参画をさせてもらっている。そしてこれからも、たくさんの起業に参画をしていくと思う。

本章では、そうした中で、今まさに道を切り拓いている実際の事例をお伝えしたい。各社の詳細なサービスは、各々のウェブサイトなどに譲るが、現在進行形で進んでいる取り組みの経緯や紆余曲折の一部をお伝えできればと思う。新しい一歩を、自らの意志で、果敢に歩み進めている人たちの姿から、ウィズ・コロナ時代を生き抜くヒントやキッカケを、あなたにも得てもらえたら嬉しい。

1 スタートアップでの挑戦者 サウンドファン

高齢の親の難聴の課題を解決したい！ 下町のシニアベンチャーが作り上げた「ミライスピーカー」

これは自身の身近な課題を解決するために開発した商品を、長い生みの苦しみを味わいながらも大きく成長をさせていったスタートアップの物語だ。その成長はすさまじく、このコロナ禍において前年同月比50倍の成長を遂げた。そんな「ミライスピーカー」という商品を開発したサウンドファンの歩みを振り返ることで、今、あなたが直面している身近な「不」を見逃さず、あなたらしい商機と勝機を摑み取る参考にしていただきたい。商機と勝機は必ずある。あとは、あなたが肚を括って挑戦するかどうかである。

［会社概要］
社名：株式会社サウンドファン
設立：2013年10月7日
資本金：1億円（資本準備金含む：2億円）
ウェブサイト：https://soundfun.co.jp/company

■起業に年齢は関係ない

ミライスピーカーを開発したきっかけは、蓄音機だった。「耳の遠い高齢者の方は蓄音機の音は聴きやすい」という記事をたまたま目にしたサウンドファンの創業者・佐藤和則さん。佐藤さんは、ちょうどその時、父親の難聴をなんとかして解決してあげたいと思っていた。そこで、蓄音機をスピーカーに活かすアイデアを思いついた。蓄音機のラッパ部分の「曲面」をヒントにした、まったく新しいスピーカー誕生への第一歩が踏み出された。

佐藤さんは、「蓄音機を活かしたスピーカー」の試作品をカラオケボックスに持ち込んでは、そこでテストを繰り返し、難産の末1号機を完成させた。そして、いざ父親のもとへ持っていき実験。その結果は大成功だった。テレビの音が、大音量にしたり補聴器をつけたりしなくても聴こえたのだ。

「蓄音機を転用してみよう」という発想からスタートしているため、なぜ聴こえるのか、理由はわからない。しかし、「これは自分の父親だけでなく他の高齢者の悩みも解決することができるのではないか」と考えて、佐藤さんは動き出した。

この時、すでに佐藤さんは還暦を過ぎていて、佐藤さんとともに動き出したエンジニアの方も70代であった。世にいうシニアベンチャーで、当時40代後半だった自分はブッチギリの最年少だった。そのことからしても、「動く人の見本」のようなチャレンジであった。もし、本書を読んでいるあなたが佐藤さんより若いのであれば、年齢を理由にしてチャレンジをしないことは馬鹿げているといいたい。誰でも、いくつになっても、成功は常にそばにあり、それを活かすも殺すもあなた次第だ、ということを佐藤さんが身をもって示してくれたのだから。

■スピーカーの新たな形を提案

佐藤さんのアクションをキッカケにできたサウンドファンという会社は、蓄音機の音波を転用してミライスピーカーを開発した。従来のスピーカーはコーンと呼ばれる板を振動させて音を届けていたのに対して、ミライスピーカーは蓄音機の曲面形状からヒントを得て、「弧を描くように湾曲させた板」（ミライスピーカーの公式ウェブサイトより）から音を発する。これは、１００年間変わらなかったスピーカーの形を刷新した新発明だった。

僕がサウンドファンを知ったのは、創業翌年、知人の紹介の縁だった。その時、僕は、この事業に大きな可能性を感じた。

それは、ミライスピーカーという製品が、これまでのスピーカーの進化の延長線上にはない、大きな変化点たる製品だったからだ。白熱灯がＬＥＤになり、ブラウン管の白黒テレビが薄いフラットパネルテレビになった。しかし、スピーカーは100年前からほぼ形を変えていない。そこにメスを入れたという点に魅力を感じたのだ。しかも、その変化点は、音質が良くなったとか、省電力になったなどのレベルではない。「聴こえなかった人が、聴こえるようになるという革命的な変化点」だ。もちろん、特許もバッチリ押さえている。

難聴の人は日本に約1400万人もいるといわれており、じつに9人に1人という状況である。しかも65歳以上では、3人に1人が難聴だ。高齢化が一層進む社会において、「従来のスピーカーからミライスピーカーに転換しない理由がない」と思ったのである。

考えてもみてほしい。横断歩道の信号の音は、聴こえやすい音と聴こえにくい音のどちらがよいだろうか？　防災サイレンも然りだ。「転換しない理由がない」ということがおわかりいただけるのではないかと思う。

加えて、スピーカーは、いわゆる単体で販売されているだけではない。テレビやラジオはもちろん、パソコンにもスマホにも、スピーカーはついている。他にも、「お風呂が沸きました」という給湯システムのアナウンス、トラックの右左折やバックする時の警告音、ビルの非常用警報と放送設備などなど挙げ出したらキリがないほどに、私たちの生活にはスピーカーが使われている。

これらすべてが難聴者に聴こえやすい音になることは大きな社会変革であるといえる。つまり、ミライスピーカーにより音のバリアフリーが実現できるのだ。このスピーカーの大転換に100年ぶりの進化を起こせる可能性を僕は感じた。

■BtoBからBtoCへ移行

ミライスピーカーは、BtoB事業からスタートした。どこに導入することになったかというと、空港だ。

空港ではさまざまなアナウンスが流れている。発着情報や呼び出しなど重要なものも少なくないため、空港利用者にはきちんと聞こえるようにしておかねばならない。しかし、空港ターミナルビルは建物の中でも最大級に広く、床が石で天井がガラスであったりするので、音が反響し、音量を上げるとかえって聞き取りにくくなるという問題があった。音量を絞りながら、いかに耳の不自由な方のためのアナウンスができるかが模索されてきたのだ。

ミライスピーカーの音は、小さなボリュームでも難聴者や高齢者が聞き取ることができるため、課題解決に期待され導入が図られた。最初に羽田空港内の施設に導入され、効果が立証されると、その後は全国の空港に広がっていった。

さらに、障害者差別解消法の後押しもあり、銀行もミライスピーカーを導入。工事も必要なく、イヤホンジャックにつなぐだけで、「聞こえない」という壁を解消することができるということで各銀行に広がっていった。その後は、証券会社や講演会場などにも導入が進んだ。

ただし、この躍進は長くは続かなかった。売り上げが頭打ちになったのだ。その背景には、ミライスピーカーの値段が関係していた。

駆け出しの僕たちはミライスピーカーを小ロットで生産しており、量産には至ることができず、割高となっていた。1台約10万円のミライスピーカーは、良いモノではあるが購入の意思決定のハードルはそれなりに高かった。シーリングスピーカー（ビルの天井に埋め込まれているスピーカー）をはじめとした「モノに埋め込まれているスピーカー」は、当然、既製品の品質基準を満たすためのあらゆる努力が必要であり、また生産量や納期、納入価格を相手の条件に合わせる必要がある。すべてが相手のペースだ。自動車に装備させることを狙うなら、あらゆる部品の素材レベルからの条件の擦り合わせに加え、衝撃テストや耐久テストなどのあらゆるチェックが必要で、合格が出るまでに数年を要する。これらは、体力のない僕たちにとって、残念ながら越えられない壁であった。

サウンドファンの長い低迷の日々の始まりだった。圧倒的な意味や意義のチャレンジ、いくつもの特許を取得したユニークで盤石な技術。絶対に世の中に必要とされているはずだと信じつつも、もがき苦しむ日々が続く中で、やがて組織も疲弊し始めた。

数年苦しんだのち、ついに転機が訪れた。創業者の佐藤さんから事業を承継し、二代目の社長として山地浩さんが就任をしたのだ。ミライスピーカーの可能性、意味や意義に強く共感してくれた山地さんは、強力なリーダーシップで事業のすべてを抜本的に見直した。ミライスピーカーは、革新的な技術で肥沃な市場を捉えてはいる。必ず突破口はあるはずだ。これまでの経営経験のすべてをつぎ込み、事業の見直しを図ってくれたのだ。

■コロナ禍に前年同月比50倍の伸長

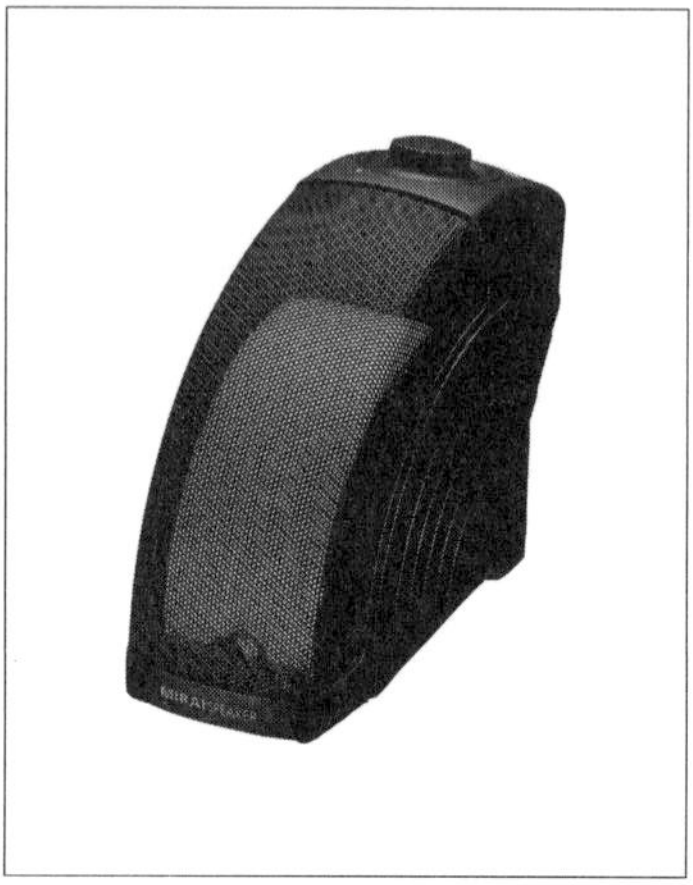
ミライスピーカーHome

山地さんを中心とする経営チーム（執行役員の髙橋進さん、田中宏さん、金子一貴さん、堀江智子さん）、そしてこれまで可能性を信じ抜いてくれたすべての仲間のおかげで、ついに突破口が見つかった。

サウンドファンはこれまで勝負をしていたＢ ｔｏ ＢからＢ ｔｏ Ｃに市場を変え、代理店を中心とする営業販売からＥＣによる流通にシフトした。そしてその背景には、研究開発の努力があった。大型で10万円していた商品を、小型で3万円を切って販売できる「ミライスピーカーＨｏｍｅ」にまで劇的に進化させたのだ。これにより、ついにサウンドファンの再攻勢が始まった。

もちろん、一直線にそこに行きついたわけではない。正解が見えない中、山地さんは

みなさんの頑張りのおかげで、サウンドファンはやっと離陸することができました。
本当にありがとうございます！
助走が長かったぶん、どこまでも高く飛んで行きましょう。

Home 発売と創業以来初の単黒を記念して熊谷さんにTシャツを作っていただきました。
テーマは「7年目の黒字」です。
これを着て7/22（水）17時からZOOMで盛り上がりましょう！

山地　浩

強い意志を持って勝ち筋の模索に挑み続け、苦しい経営状況を仲間とサバイブしながらＰＭＦ（第３章の「組織の動態論」を参照）を達成したのだ。コロナによるステイホーム生活も、親の耳が遠くなったのではないかと気づく人々の増加につながり、加速要素となった。運も手にしたうえで、本書に出てくる重要なことをおおむねおこなった。まさに第二創業といっていい生まれ変わりを成し遂げたのだ。

上は、創業7年目、ようやく長いトンネルを抜け出した２０２０年夏、山地さんが社員に出したメッセージだ。

サウンドファンの物語は、自身の課題解決から発して起業に至った創業社長の佐藤さんの物語であり、それを引き継ぎ花開かせた二代目社長の山地さんの物語だ。佐藤さんは、この世になかった製品の可能性を信じ、仲間を集め、難聴者に聞こえるまったく新しいスピーカー「ミライスピーカー」を作った。山地さんは、ミライスピーカーの革新の価値を信じ、生産から販売、そして市場さえも見直し、前年同月比50倍の驚異的な躍進を実現した。

それぞれに起業家、経営者としての能力と、サービスの可能性を信じる「意志の力」が、この成果を実現させたことは間違いない。誰もが商機と勝機を掴む可能性を持っている今、商機と勝機を目の前にしながら、動かないでいることが一番もったいない。

あなたも、あなたの意志を強く持って、ぜひ踏み出してほしい。

2 大企業での挑戦者 JR東日本スタートアップ

大企業の出島戦略で
自社の課題解決につながる多数の新規事業を立ち上げる

続いては、大企業での新規事業の事例をお伝えする。

舞台は、ＪＲ東日本。誰もが知る大企業だ。しかし、その大きさゆえに、自由が利きにくいという側面もある。そこで本体から新規事業を切り離す、「出島戦略」による新規事業の推進に乗り出した。ＪＲ東日本スタートアップ株式会社として現在４年目、それ以前の活動も含めると5年目を迎えている。そして、コロナによる打撃をもっとも強く受けた業界の一社でありながら、今も新規事業創出の熱量が下がることはない。

ありとあらゆる一歩が重く、自由の利かない大企業の中においては、どうしても「うちの会社では無理」「よその会社はいいよなぁ」という発言につながりやすい。しかし、愚痴からは何も始まらない。ぜひ、ＪＲ東日本の躍進を参考に、あなたもあなたの環境の中で、新たな道を切り拓いていただきたい。

【会社概要】
社名：ＪＲ東日本スタートアップ株式会社
設立：２０１８年2月20日
株主：東日本旅客鉄道株式会社（１００％）
ウェブサイト：https://jrestartup.co.jp/

■ＪＲ東日本の出島戦略

最初にＪＲ東日本の話を聞いた時、僕は非常に驚いた。経営陣の方々が、国鉄時代に会社を守りたいと奔走したけれど、それが果たせなかったという忸怩《じくじ》たる思いを今も持っていたからだ。彼らの言葉を借りると、「会社は一回潰れている」という。そのような原体験が残っているために、ＪＲが置かれている現状についても「このままではいけない」と強く思っているというのだ。

我が国の大企業は、国力の成長鈍化に引きずられながらじわりじわりと衰退していった。そんな時期がもう30年も続いている。ＪＲ東日本も人口の減少に引きずられて、乗客がどんどん減っていくことが確実だ。そんな中で、鉄道業だけにかじりついていてはダメだという強い危機感を高めていった。

こうした危機感の中で生まれたのが、ＪＲ東日本のＣＶＣ（コーポレートベンチャーキャピタル）「ＪＲ東日本スタートアップ株式会社」だ。スタートアップ企業のアイデアや技術と、ＪＲ東日本グループの経営資源をつなぎ、豊かな暮らしや元気な街、新しい未来を創っていく会社である。

当然のことながら、会社という「ハコ」ができたからといって、勝手に事業が形になるわけではない。本書で繰り返しお伝えした通り、ファーストステップは「意志が10割」だ。ＪＲ東日本スタートアップでいえば、代表の柴田裕さんの強い意志が、会社躍進のマスターリソースだ。

大企業の新規事業系の取り組みには、共通の特徴がある。良い面悪い面、それぞれあるが、そのうちの悪い面をあえて抜き出すと、以下の通りとなる。

- それっぽいカタカナを振りかざしているが、結局やらない（やれない）
- 事業をやる暇がないほどに社内対応が大変
- 年度が変わると人事が刷新され、何もかもがリセットされる
- 結局は、本業が大事

などである。

では、ＪＲ東日本スタートアップはどうだったのか？

答えは、悪い面にまみれることなく成果を上げ続けている。スタートアップとのビジ

ネス共創の場であるJR東日本スタートアッププログラムのイベントの成果は、「4年で923件の応募があり、うち92件が実証実験に入り、結果41件を事業化した」のだ。メンバーは総勢、たったの8名だ。JR東日本という大企業の中で、短期間にこれだけの成果を生み出したことは、特筆すべきものである。

少しだけ、僕と柴田さんの出会いを振り返る。柴田さんと会ったのは、遡ること3年前、とあるイベントでだった。そのイベントに登壇していた僕に、柴田さんが声を掛けてくれた。ひとしきり二人で話をした後に、その場で「うちに来ませんか?」と参画の誘いをしてくれたのだ。事業のスピードも速いが、採用のスピードも速い。JR東日本のような大企業が、スタートアップのようなスピードを手に入れたら、強くないわけがないだろう。

JRに還元される新規事業をスタートアップと連携して進める

JR東日本スタートアップが展開する新規事業には、大きな特徴がある。

たとえば、

- ＪＲ東日本自体がまさに社会そのものであり、そしてさまざまな課題を抱えている
- その課題を自らオープンにし、解決できるスタートアップを具体的に募集している
- 可能性を見出したスタートアップと、ＪＲ東日本の現場を使って実証実験をおこなうことができる
- 実証実験の結果をもって、事業化に踏み切る決断をしている

というあたりである。

具体的な事例を紹介しよう。

ＪＲ東日本が解決したい課題のひとつに、キオスクの人手不足があった。キオスクは、ＪＲ東日本の駅構内にある小型売店で、誰でも一度くらいは使ったことがあるのではないかと思えるほど至る所にあったが、近年、店員の確保が追いつかず、多くの店舗が休業や閉店に追い込まれていた。

そこで、外部のスタートアップと共創し、「最先端のＩＴ技術、デバイス開発力、オ

ペレーションノウハウを活かした、ユーザーフレンドリーな省人化&省力化を実現するシステムソリューションの創出をおこない、人手不足問題の解決を目指す」ことにした。

そうして生まれた事業が、「商品を手に取るだけのウォークスルーの次世代お買い物体験無人AI決済店舗 TOUCH TO GO」であり、そのために設立した会社が、株式会社 TOUCH TO GO だ。

TOUCH TO GO の前身は、JR東日本スタートアップが主催した2017年度の「JR東日本スタートアッププログラム」で最優秀賞を受賞した無人AI決済システムだった。そこから共創が始まり、無人AI決済店舗の実証実験を大宮駅で実施、さらに2018年度には、商品認識率と決済認識率を向上させ、第二弾の実証実験を赤羽駅で展開、その後、無人決済店舗 TOUCH TO GO として、高輪ゲートウェイ駅に1号店をオープンさせたのだ。

この、ステップを踏みながらリアリティをもって進めるということができるのは、JRだからこそという側面もあるが、それを「本当に実現する」のは、また別の次元の話だとも思っている。柴田さんという意志を持った人がいて初めて切り拓かれるわけであり、加えて、柴田さんを支えるJR東日本スタートアップ取締役の竹内淳さんや、いつも先陣を切って道を切り拓いていくTOUCH TO GO社長の阿久津智紀さんなど、多彩なメンバーが結集しているからである。こうしたチームが、自らの環境を活かしながら泥臭く実際に手を動かし汗をかきながらやり切る。それが、事業を生み出しまくる力の源泉となっているのだ。

僕は、大企業が新しい事業を生み出すことが、日本の再浮上において大事だと思っている。もちろん大企業だから動きようがない、という現実があることは十分承知している。でも、だからこそ、ＪＲ東日本スタートアップの躍進の例に勇気を得てほしい。「為せば成る」である。

僕自身も、引き続きＪＲ東日本スタートアップの一員として、スタートアップとコラボレーションし、ＪＲ東日本の多くの課題を解決していきたいと思っている。

企業の枠を超えた挑戦者

3 一般社団法人SPACE FOODSPHERE／THINK SPACE LIFEプラットフォーム

夢を夢で終わらせない
宇宙での生活を実現するための「食」と「健康」事業

最後の事例は、宇宙を舞台にしている。宇宙への夢は、誰もが一度は思い描いたことがあるのではないかと思う。

そう、あまりにもその存在が大きく遠く、事業というよりは「夢」であった宇宙だ。しかしながら、近年その「夢」は「事業」に生まれ変わった。宇宙開発は国家が担う時代から、民間が担う時代に移り変わりつつあるというのが世界のコンセンサスだ。そして我が国も世界に呼応し、事業意思のある民間事業者等とＪＡＸＡの間でパートナーシップを結び、共同で新たな発想の宇宙関連事業の創出を目指す、宇宙イノベーションパートナーシップ（J-SPARC：JAXA Space Innovation through Partnership and Co-creation）が誕生した。以下は、J-SPARCのホームページでのメッセージ（抜粋）である。

人類の活動領域を拡げていくために。
地上にあるさまざまな社会課題を解決するために。
そして、もっと宇宙を楽しむために。
共創しよう。宇宙は、世界を変えられる。

この新たに出現した最大級の新市場においても、「地球市場の各社の競合の壁」さえも越えて「宇宙市場に向けて各社を一致団結」させるべく先陣を切って切り拓いていく挑戦者がいる。ＪＡＸＡ新事業促進部プロデューサーの菊池優太さんだ。どんな困難にも、意志さえあれば立ち向かっていくことはできるという証左として、その取り組みを紹介する。

【団体概要】
団体名：一般社団法人SPACE FOODSPHERE
設立：2020年4月22日
ウェブサイト：https://spacefoodsphere.jp/

■民間企業が宇宙に挑む時代へ

宇宙開発の主役は国家から民間に移り、NASAもESAもJAXAも、宇宙事業を民間へ移管する動きを強めている。2020年11月16日午前9時27分（日本時間）の、テスラCEOイーロン・マスク氏率いるスペースXの有人宇宙船クルードラゴン「レジリエンス」号による国際宇宙ステーション（ISS）への打ち上げ成功は、記憶に新しいのではないかと思う。

こうした流れに先立ち、宇宙基本計画の重点課題のひとつである「産業振興」への取り組みを一層強化することを目的にJAXA内に設立されている組織が、新事業促進部だ。新事業促進部は、JAXAホームページの中で、宇宙航空分野の研究開発と利用の拡大に興味のある人に向けて、以下のメッセージを発信している。

> 新事業促進部は、ご相談・ご依頼にワンストップでお応えします。航空・宇宙分野とは一見かけ離れた分野の組み合わせ、これまでにない航空・宇宙の活用策など、アイデアをお寄せ下さい。JAXAはあなたのパートナーとして、ビジネスの可能性を探ります。

突飛な言い方かもしれないが、あなたが考える新規事業は地球対象に限らなくてもいい。そんな時代がすでに到来しているのだ。

ただし、現段階においては、宇宙事業はマネタイズすることが非常に難しい。目前の利益ではなく、「民間人が宇宙に行くようになったら」「人々が違う星に住むようになったら」という10年先、20年先を見据えて新規事業を起こしていくことが求められる。宇宙市場への起業は、非常に創造性の高い事業開発といえる。しかしながら、今すぐ儲けを出せないからといって開発を進めなければ、我が国は宇宙市場における世界の競争に負けてしまう。そんな現状の中で、掛け声だけでなく「本当」に宇宙新規事業を切り拓いていくためには、何が必要だろうか？　そして、何が起点になるのだろうか？

それは、やはり本書で何度も触れている「意志が10割」がポイントだ。

ＪＡＸＡ新事業促進部プロデューサーの菊池さんの熱量が、菊池さんとともに先陣を切って切り拓くＪＡＸＡ新事業促進部の熱量が、我が国の宇宙産業基盤の強化を牽引しているのである。

菊池さんは、J-SPARCのプロデューサー紹介ページに、以下のメッセージを寄せている。

「日本らしい民間ビジネスを共創し、みんなが宇宙に行ける時代の実現を牽引したい！一緒に汗をかき、ワクワクするコトを生み出しましょう！」

そして、このメッセージの通り、菊池さんは「日本らしい民間ビジネス」の共創に取り組んでいる。

■宇宙での「食」と「健康」を支える事業を開発

菊池さんが宇宙市場の中で着手したのが、「食」と「健康」の分野だ。

近年、日本食のおいしさ、そしてヘルシーさが世界で注目されていることは周知のことと思うが、じつは、それは宇宙でも同じであった。現状の「宇宙食」の中でも「日本食の宇宙食」は、宇宙飛行士の間で「ボーナスミール」と呼ばれているほどの好評を博しているのだ。

2040年には月に1000人が移住しているというのが世界的に抱かれている構想だ。今は宇宙に国の威信をかけて強靭な心身の宇宙飛行士を送り出しているので、フリーズドライの形状となっている宇宙食でも任務に耐えることができる。訓練を重ねて、「おいしい」や「まずい」ではなく、体を維持するためにモノを食べるという意識でいられるようになっている。

ただし、民間人1000人が月に移住する時代では、そうはいかない。一般人が「ふつうの暮らし」ができる食品を取り揃えることが重要になる。そうなると、「ステーキが食べたい」とか「寿司が食べたい」といった食欲に対応していかなければならない。しかし、当たり前だが、月で牛は飼えないし、海もない。

では、どうしたらいいのか？

この「食」の問題は、宇宙開発をするうえで確実に解決していかねばならない課題だ、ということだ。

「健康」もまた同様だ。一般人の僕らが月で暮らし始めれば、予想だにしない体調不良に見舞われるかもしれないし、地球では大きな問題がなかった持病が宇宙空間では悪化するかもしれない。宇宙空間は未解明な部分が多いため、残念ながら最初の頃は不幸な事故もたくさん起こるだろう。宇宙へ向かう一般人のために、心身の健康を保てる手立ては必要になる。

■「食」「健康」を支える団体を組織

菊池さんは「食」の課題を解決するために、宇宙における食料の生産および供給と、それに関連した地上ビジネスに関わる市場（宇宙食料関連マーケット）の早期創出を目的とする「一般社団法人SPACE FOODSPHERE」の立ち上げを主導した。現在、宇宙という極限的な環境における食ソリューションとして、超高効率植物工場やバイオ食料リアクター、拡張生態系などの共創に取り掛かっている。

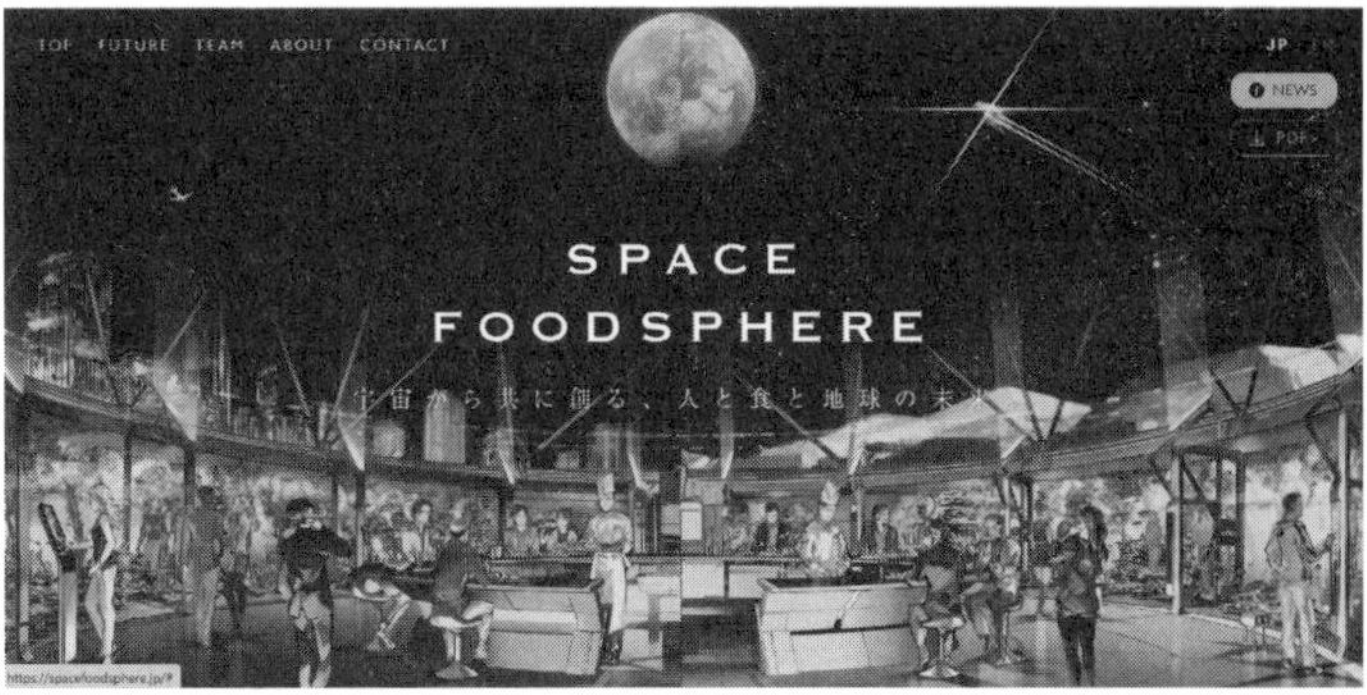

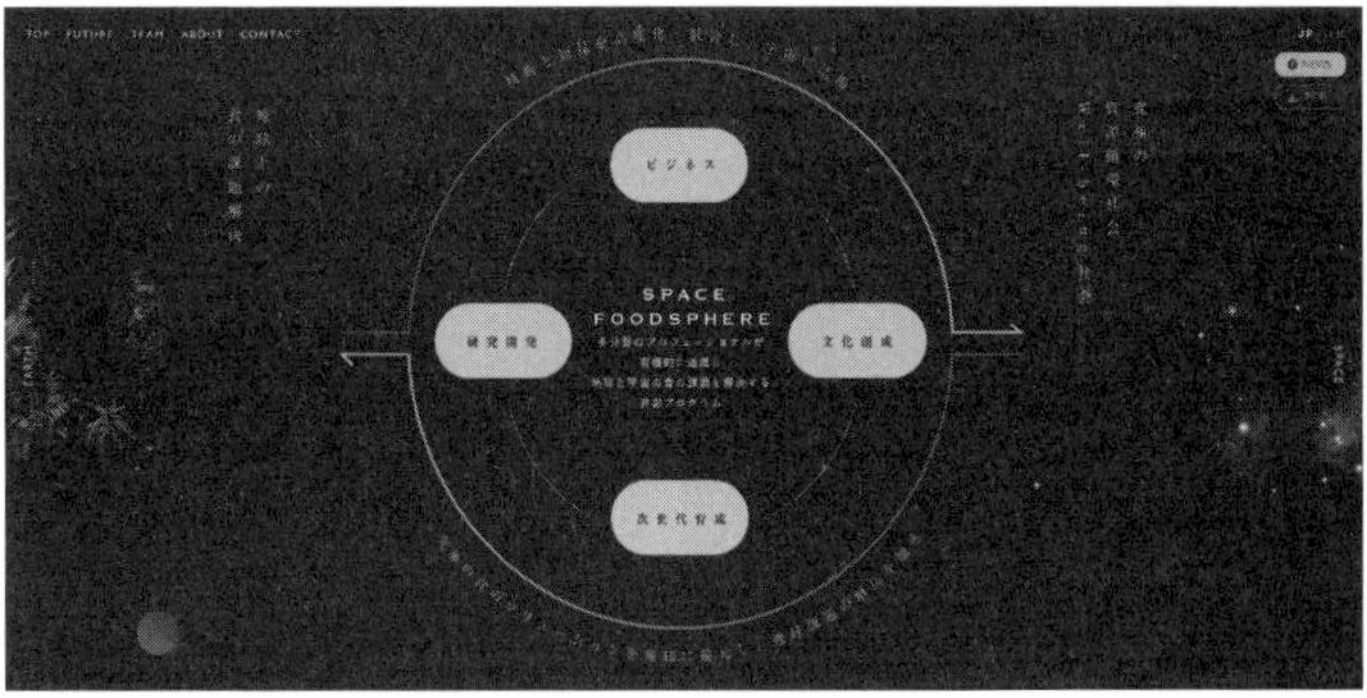

SPACE FOODSPHEREホームページより抜粋
https://spacefoodsphere.jp/

加えて、「健康」については「THINK SPACE LIFE」プラットフォームを立ち上げた。ここでは健康だけでなく、もう一段視野を広げ、「暮らし」に目を向けて地球と同様に不便がない生活ができるようにすることを目的とした。

その目的実現のためには、まず、そもそもの話として「宇宙で暮らすと何が不便なのか？」ということを洗い出す必要がある。そこで「宇宙飛行士等座談会」を開き、宇宙飛行士の声から生活に関する10のカテゴリーを導き出した。

国際宇宙ステーションは、世界各国から選ばれた宇宙飛行士が通常6名の体制で約半年間、共同生活をおこなっている。寝室、トイレ、運動のスペースなど、健康に暮らすために必要な機能がすべて備えられており、生活のリズムも、24時間を1日とし、日曜日を休日とする1週間で業務をおこなっている。この宇宙生活の中で、「何が不便なのか？」を、徹底的に聞き出した。

詳しくは、座談会で語られた宇宙飛行士の声がまとめられている「Space Life Story Book」(https://iss.jaxa.jp/med/images/71532_story.pdf) をご覧いただきたい。この座談会の結果、QOL向上に関わる10のカテゴリーが特定された。今後、地上展開も見据えたうえでのソリューション開発をおこなっていくことになっている。

■宇宙市場から地球市場へ「逆輸入」の可能性

宇宙移住が現実化すれば、地球市場から宇宙市場へと事業の範囲が広がる。宇宙で人間らしい生活を実現すると考えると、多様なビジネスチャンスが見えてくる。

さらには、宇宙市場から地球市場へ「逆輸入」できるものもあるのではないかとも考えられる。宇宙技術の地上転用である。

たとえば、現在は、ロケットという閉鎖空間で完全カロリー循環ができないかと考えている。「摂取したものが排泄物になり、それが肥料となって、また食物ができる」という循環を作り上げれば、その閉鎖空間においては、カロリーのさらなる補給は必要なくなるという考え方だ。これがロケットの中で実現した時のインパクトは、とてつもなく大きい。それは、人類が接している最大の閉鎖空間は「地球」だからである。ロケットでの完全カロリー循環を達成できれば、きっとそれは、「地球での環境負荷の少ない食物循環につながる」というわけだ。

こうした一歩を踏み出していくことで、いつの日か、今までは思いもよらなかった地球市場と宇宙市場を行き来するビジネスが成立していくこととなるのである。

これから起業がますます楽しい時代に突入することは間違いない。

＊　＊　＊

著者からのメッセージ

「どんな時も、前に進め」

第4章では、僕が参画している起業、新規事業の事例を紹介させてもらった。サウンドファンの佐藤さん、山地さん、JR東日本スタートアップの柴田さん、竹内さん、阿久津さん、JAXAの菊池さんの現在進行形の新しい一歩である。

限られた文字数の中、また僕の筆力では、新規事業のダイナミックな迫力を余すことなく伝えることは難しい。

ただ、これだけは伝えたい。

・どんな時も、前に進み、切り拓いている人がいる

ということである。

ここまで本書を読み進めてもらったうえで、それでもなお、「今のうちの会社では新規事業は難しいかも……」「起業はもう少し準備してから……」など、いろいろと踏み出せない理由を挙げる人がいるかもしれない。あなたのいう通り、難しい環境の場合もあるだろう。しかし、そのような困難な状況であっても、道を切り拓いている人はいる。今回、紹介することはできなかったが、僕の周りには、そうした挑戦者がたくさんいる。

あなた自身が先導者になることはもちろん、そうではなく、先導者とともに挑戦する伴走者であってもいい。大事なことは、環境を言い訳にしてとどまらずに進むということだ。

僕も、これからも、とどまらずに進んでいく。

だから、あなたもぜひ。

この本を読んでくれたすべての方と、僕との約束だ。

終　章

あなたの真の強みは何か

■経験値を可視化する

いよいよ、本書も終章となった。

ここまで読んでくれたあなたは、「あなた自身の意志がすべての起点である」ということについて、理解をしてもらえたのではないかと思っている。そして僕は、あなたがその意志に基づいて行動し、あなたらしい道を切り拓いてくれることを切に願っている。

だから、最後に、あなたがこれから積み上げる経験の蓄積を、最大限活かし、最大限魅せるための工夫について、お伝えできればと思う。

事業は、最初は1人で始めたとしても、拡大していく中で必ず賛同する仲間が必要になる。他者と協働することで、一人ですべてを担うことから解放され、新たな発想が加わり事業が多彩になる。このことは、何も起業に限った話ではない。自分自身の腕をひたすら磨くというシーンにおいても、切磋琢磨する仲間の存在は大きく、お互いを補完し合う仲間がいれば百人力だ。

ビフォー・コロナの時代であれば、実際に会って酒席をともにしたりして、「こんな仕事をしている人なんだな」と覚えてもらうことから、他者との交流を始められた。また、名刺交換会や異業種交流会に行って、名刺を集めて接点を作るということもできただろう。

しかし、ウィズ・コロナの今の時代はそれらのことができにくい。名刺交換の際にいろいろ説明できた「自分とは何か」という話を、リモートでも覚えてもらえれるようなキャッチーなものにしなければいけない。「私の特徴はこれです」「私はこうなりたいから、こんな人を紹介してください」と端的にいえる人でないと、人とのつながりを構築していくことができない。

だから、**「可視化」**が必要になる。

たとえば、**「自分自身をプレゼンするためのマテリアル」**を作るということだ。これは、その名の通り、自分をキャッチーに説明できる案内ツールのことである。僕も「起業52」という「セルフプレゼンテーションマテリアル」（211ページ）を作っている。僕は「起業のプロ」なので、その特徴がきちんと伝わるように配慮して作成している。

子どもでもわかるくらいに、簡単でキャッチーに示したほうがいいと思い、僕なりに考えて行きついたのが「はじめに」でもお伝えしたこの数式だ。

〈52＝17＋21＋14〉

改めて解説すると「52」は僕の年齢。キャッチコピー的でわかりやすいので、年齢に合わせた数式としている。

「17」は、企業の中で何らかの事業を立ち上げた数だ。企業内起業で、事業開発部門で立ち上げた新規事業やそれに類するプロジェクトの数。

「21」は、独立起業の数。自分が代表として立ち上げたものもあるが、複数を同時に立ち上げていくスタイルをとっている今は、基本、代表の立場はとっていない。独立起業して頑張ろうとしている人、頑張っている人に参画させてもらっている数、である。

「14」は、週末起業。企業内起業や独立起業よりもカジュアルな企画の数で、お酒を飲んでいたら盛り上がってお店をやることになったとか、みんなから寄付を集めてフィリピンに小学校を寄付したとか、そうしたちょっとした企ての数である。

大事なことは、**自分のコンセプトを「バンっ！」とわかりやすく見せる**ことだと思っ

著者のセルフプレゼンテーションマテリアル

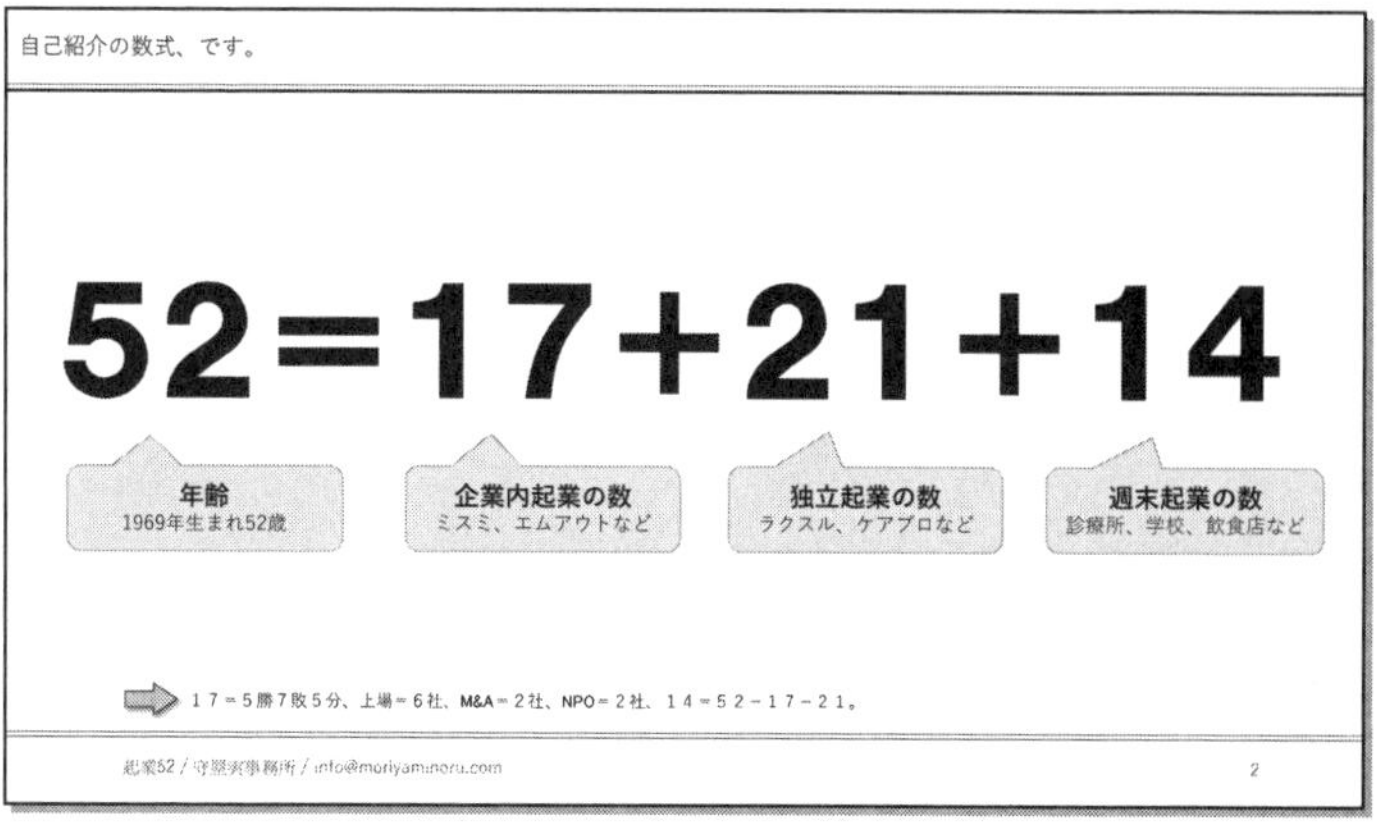

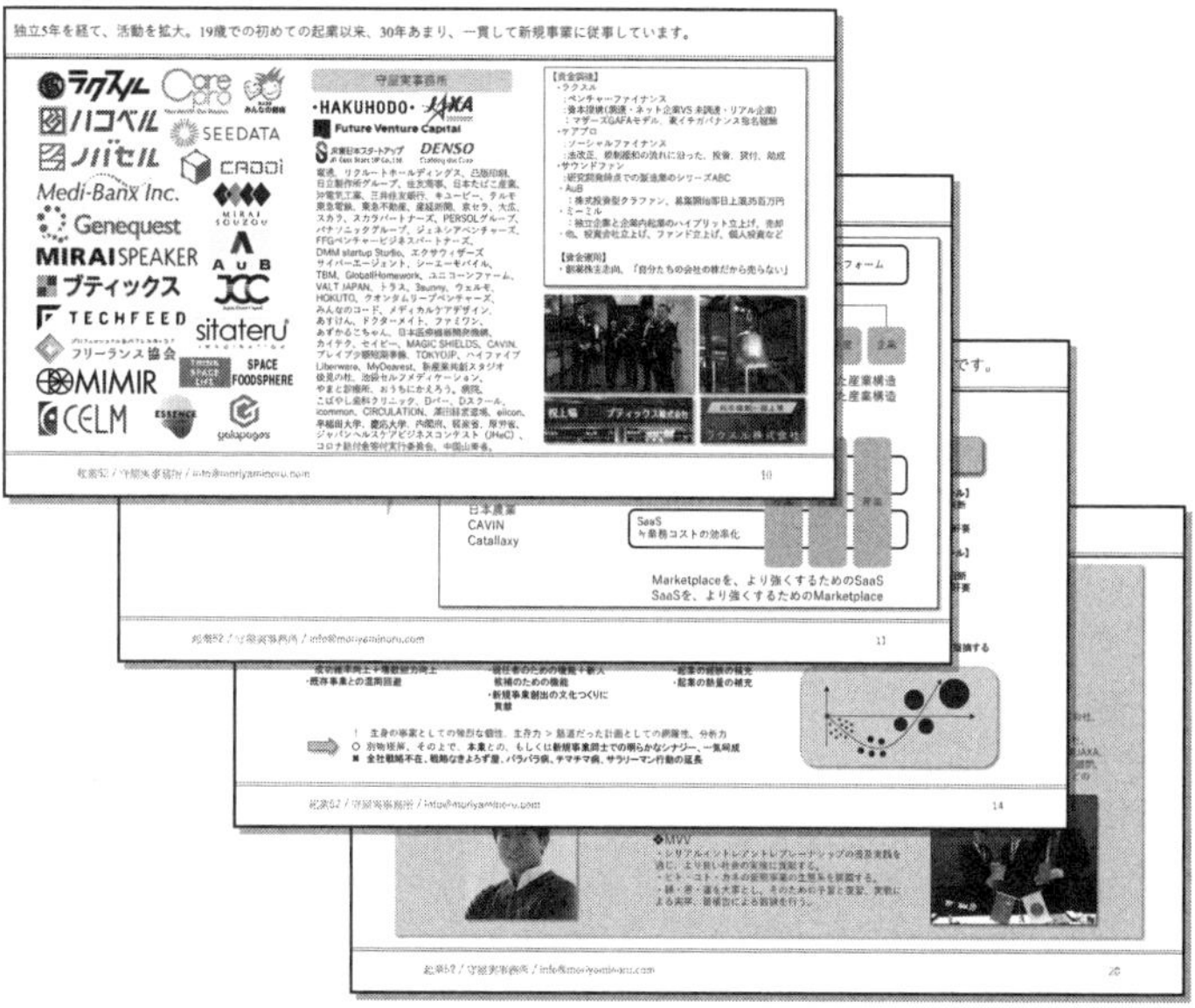

ている。僕の場合は、この数式を見せると、「ん?」「何だこれ?」と興味を持ってもらえる。僕は「やたらと起業をしている人」というキャラクターが頭に残ってもらえばそれで成功なので、その意味において、この数式は的確なのではないかと思っている。

ちなみに、コンセプトを明確にするということは、それに沿わないものを諦めるということでもある。たとえば、僕は年間5~6社ほどのスタートアップに投資をしているが、これを数式に入れてしまうとよくわからないことになってしまう。だから数には入れていない。「起業のプロ」というプロフィールをぼかす情報はあえて削ったほうがいいだろうという判断だ。「仕事のプロ」として、簡潔能動型コミュニケーション(第2章で述べた「新国語1」)に適した自己紹介へと研ぎ澄ませていくのだ。

■自分自身の魅せ方を工夫する

就職や転職をする際に、履歴書を書いた人は多いだろう。これまでの日本では、一般的な形式の履歴書で十分に意味を成していたし、統一されていて便利だった。

だが、僕のような経歴の人間が一般的な履歴書を使うと非常にわかりにくくなる。たとえば、「○年○月　××株式会社　取締役就任」「○年○月　株式会社△△　新規事業開発部メンバー参画」などの羅列は、「凸凹な肩書で同時に複数社に入社しているの？」という感覚を持たれ、ぱっと見て何をしている者なのかイメージがしづらい。だから、「起業のプロ」だということがわかるように、伝えたいことを編集していく作業が重要なのだ。

「仕事のプロ」として、それぞれが個性あふれる人生を歩んでいく時代に突入したのだから、履歴書という形に囚われず自分の特徴が際立つPR方法を模索したほうがよい。履歴書は仕様書のようなもの。そこから、パンフレットに改編して魅力を伝えるべきだ。

家電でいえば、冷蔵庫を買う時、外部寸法や電源ワット数なども大切だが、それだけで「ほしい！」とはならないだろう。「冷凍庫が大容量で、4人家族の食料もたっぷり保存しておくことができる」とか「魚や肉の鮮度をキープしたまま保存できるから、毎日買い物にいかなくていい」とか「めちゃくちゃおしゃれな部屋に合う冷蔵庫だ」とか、そんな魅力的な見せ方があってこそ購買につながる。もちろん、冷蔵庫であれば、それを文字で伝えるのではなく、写真で伝えたほうがわかりやすい。口コミや専門家のコメントで、説明をカバーするほうが効果のあることもあるだろう。こうした世の中にあふれているあらゆる**「魅せ方」の工夫**を、商品やサービスだけでなく、「自分自身」にもすべきなのだ。

イメージしやすいのは、お笑い芸人だ。漫才が得意なのか、一発芸なのか、モノマネなのか、さまざまな個性がある。漫才の中でも、ボケなのかツッコミなのか。どんなボケをするのかなどがキャラとなる。視聴者もその特徴を理解して、その芸人のファンになる。もっといえば、そうした個性があるからこそテレビ番組にキャスティングされる。当人の特徴が弱ければ代替可能な存在と見られ、依頼はどんどん価格競争に陥っていく。「10万円は少し高いから、8万円で受けてくれる人にお願いしようか」などダンピング競争に巻き込まれてしまうのだ。「仕事のプロ」になるからには、「この人の代わりはいない」と魅せる必要があるわけだ。

■量稽古によって「起業の型」を作る

では、自分の個性や特徴とは何か？

他の人に魅力的に見えるプロフィールとはどんなものか？

そうしたことは案外自分では見つけづらい。「他の人にはない自分の魅力なんてあるのか」「本当の自分とは？」などと考えて、手が止まってしまう人もいるだろう。その気持ちもわからなくもないが、悶々としている時間があるならば前に進んだほうがいい。自分で見出せなければ、周囲の人に「僕の特徴は何だと思う？」と尋ねてみればいい。たくさんの人に聞いて回ると、自分の見え方がいかに人それぞれ違うのかがわかってくる。そのうちに2人、3人と同じことをいう人が現れてくる。意見が重なったものを掘り下げてみると、自分の個性や特徴が見えてくる。

中には、自分では受け入れがたいものや意外すぎるものも出てくるかもしれない。しかし、そこにヒントがあることは間違いない。たとえば、今会社員で起業を考えている人は、「もともと会社員だった」ということが個性になるかもしれない。僕の話でいうと、大企業の新規事業に参画させてもらう際に、稟議書をどのように書いたらよいかなど大企業の理屈がわかるということが、共通の体験保有として、一緒にやっていく際の武器になっている。

自分では見つけられない意外なところが自分の強みとなる。

ちなみに、当たり前だが、見つけた自分の強みは、見つけた段階では、その「魅せ方」を含めて原石だ。だからその原石を磨き込み、「魅力」を磨いていく必要がある。磨いていく中で、「第一想起」される人物になる。

そしてそのために必要なことが、量稽古だ。僕はひたすらに量稽古したことで「起業のプロ」になることができた。量稽古とは、同じことを繰り返し、経験値を重ねていくことを意味する。

閾値を超えた量稽古をすると初めてプロになれる。僕はたまたま「起業のプロ」となったが、読者の方の中にはさまざまなプロになりたい方がいると思う。「分析のプロ」かもしれないし、「編集のプロ」かもしれないし、「育成のプロ」かもしれない。量稽古を重ねて「仕事のプロ」になると、景色が変わる。

その景色を僕は多くの方に見てもらいたい。

最近では、効率的にビジネスを成功させたい人も多い。しかし僕は、**学びとは複利**だと思っている。学びは1＋1＝2という単純な計算で蓄積していくものではなく、どんどん雪だるま式に増えていくものだ。

「こんなことをして、どんな意味があるんですか」とか「いつ結果が出ますか」などと思うこともあるかもしれないが、量稽古とはそう単純で簡単なものではない。いえることがあるとすれば、後になればなるほど、複利の恩恵が大きくなるということだ。短気や横着による中途半端な食い散らかしは、それこそ最大の非効率だ。

スポーツをしていた人ならば、「基礎体力」という言い方をするとイメージがしやすいかもしれない。野球で「ホームランを打ちたい」と思った時に、ホームランを打つ練習だけをしていても打つことはできないだろう。走り込んで筋力をつけ、来る日も来る日も素振りをして、そういった鍛錬の先でホームランが生まれる。

量稽古して身につけてほしいものは、基礎体力ともうひとつある。それは、**「型」を習得すること**だ。

スポーツではフォームが大事になる。いくら筋力がついたとしても、正しいフォームを習得していなければパフォーマンスを発揮することができない。

僕も起業を何十回も経験し、**「起業の型」**を作ることができた。「型」ができるメリットは、**再現性が高まる**ということだ。特に、「判断」の分野においては、確度高くジャッジができるようになった。目の前で起きる新たな問題や課題に、何となくの既視感が生まれ、落ち着いて決断をくだせるのだ。

量稽古というと、不効率に見えることをさせられているように感じる人もいるかもしれない。しかし、急がば回れで、「量」を重ねてあなただけの「型」を作ることが最終的には最大の効率化といえるのだ。人よりも早くたくさんの量稽古をするためにも、躊躇をしている時間はない。あなたらしい成功に向けてスタートを切ってほしい。

ポイント

「○○のプロ」となり、一行で伝えられるあなたのキャッチコピーを考える。

＊　＊　＊

著者からのメッセージ

「意志ある先に、道は拓ける」

これまで、僕の体験から見えた起業に向けたメソッドをお伝えしてきた。

30年余りの新規事業人生の経験から会得した大事なことを、余すことなく一生懸命、描き切ったつもりである。だから、大いに参考としてもらいたいし、必ず役に立つはずである、と思っている。


が、しかし、である。

あなたはあなたであり、僕は僕でしかない。

だから、僕が教える僕の体験談が果たせる役割には、おのずと限界がある。

もっとも大事で、すべての起点である「あなたの意志」は、あなた自身が自らの力で持つしかすべがないのだ。


僕自身ができることは、すべて出し切った。

だから、ここから先は、バトンタッチだ。

あなたが意志を持ったその先に向かって、あなたらしい新たな一歩を踏み出してほしい。


意志ある先に、道は拓けるのだから。

■おわりに

2020年、僕らは新型コロナウイルス感染症という人類への脅威を経験した。これまでの生活は一変し、ビジネスにも激震が走った。

このように書くと、僕たちのすべきことが大きく変わったように感じる。

しかし、果たしてそうだろうか？

新型コロナウイルス感染症が蔓延したから、僕らは変わらなければいけないのか。いや、そんなことはないだろう。感染症の有無に関係なく、僕らはずっと変わり続けなければいけない存在なのだ。

つまり、「変わらなければならないということは変わっていない」のだ。

日本の会社の寿命のサイクルは25年ほどだといわれている。22歳で入社したら50歳を前にして、その会社にはいられないこととなる。現在の日本の平均寿命は、男性81歳、女性87歳だ。1社目の企業の寿命が尽きたとしても、そこで働くのをやめてしまっては食ってはいけない。

コロナの前だろうが後だろうが、この事実に変わりはない。

では、新型コロナウイルス感染症が僕らにもたらしたものとは何だったのか。それは、「変わらなければならない」という進化圧が一層強まったということだ。本来であれば5年くらいかけて少しずつ変わるはずだったものが、数ヵ月の間に一気に引き起こされた。多くの人がこの大きな進化圧に戸惑い、途方に暮れた。

強制的な変化に対し、起業や新規事業を生業《なりわい》とする僕らはどう対応していけばいいのだろう。これに関しては、僕はとてもシンプルに考えている。

数年先の見えない姿を信じて、たった一人であったとしても自分の信念の旗を揚げて動き出すということだ。下手に社会予測ができなくなったからこそ、自らの意志で道を切り拓いていく姿勢の重要度が増した。


これからも僕は、「起業のプロ」として、ウィズ・コロナの時代を生き抜いていく。そして、「仕事のプロ」となった多くの人たちとともにプロジェクトを共創していきたいと考えている。だから、これから出会うみなさんには、僕に少しでも興味を持ってくれたなら、ぜひ、一声かけていただきたいと思っている。みんなと一緒に、新たな道を切り拓く一歩を踏み出していきたいからだ。

また、すでにご縁をいただき、今の僕をカタチ作ってくれたすべてのみなさんに、この場を借りてお礼を申し上げたい。ミスミ、エムアウトと20年の長きに渡り人生の師であった田口弘さん、守屋実事務所設立後、最初に仲間として迎え入れてくれたラクスルやケアプロのみんな、サウンドファン、JR東日本スタートアップ、JAXA、そして「52＝17＋21＋14」のすべてのみんな、本当に、みんなあっての今である。

「起業のプロ」であると同時に、「起業以外の素人」である僕を、本書が世に出るまで根気強く伴走してくれた、講談社の唐沢暁久さん、レゾンクリエイトの佐藤智さん、アップルシード・エージェンシーの鬼塚忠さん、中村優子さん、本当に、ありがとうございました。みなさんなしには、この本が世に出ることはありませんでした。

最後に。本書を手にしてくれたすべての方々に。

本書が、あなたの心の霧を晴らし、起業への歩みを進める一助になることを、切に願っている。

2021年4月　**守屋実**

守屋 実（もりや・みのる）

1992年ミスミ（現ミスミグループ本社）入社、新規事業開発に従事。2002年に新規事業の専門会社エムアウトをミスミ創業者の田口弘氏と創業、複数事業の立ち上げおよび売却を実施。2010年守屋実事務所を設立。新規事業創出の専門家として活動。ラクスル、ケアプロの立ち上げに参画、副社長を務めた後、博報堂、サウンドファン、ブティックス、SEEDATA、AuB、みらい創造機構、ミーミル、トラス、JCC、テックフィード、キャディ、プロフェッショナル&パラレルキャリア・フリーランス協会、JAXA、セルム、FVC、日本農業、JR東日本スタートアップ、ガラパゴス等の取締役などに加え、内閣府有識者委員、山东省人工智能高档顾问を歴任。2018年にブティックス、ラクスルを、2ヵ月連続で上場に導く。著書に『新しい一歩を踏み出そう！』（ダイヤモンド社）がある。

起業《きぎょう》は意志《いし》が10割《わり》

2021年5月6日　第1刷発行
2022年4月5日　第4刷発行

著　者　守屋《もりや》 実《みのる》
発行者　鈴木章一
発行所　株式会社講談社
〒112-8001
東京都文京区音羽2丁目12-21
電話［編集］03-5395-3522
［販売］03-5395-4415
［業務］03-5395-3615
本文データ制作・印刷所
株式会社ＫＰＳプロダクツ
製本所　株式会社国宝社

ISBN 978-4-06-521223-3